让课堂更精彩！
RANG KE TANG GENG JING CAI

精通 PPT
课件设计与制作

缪亮 主编
范立京 副主编

（第2版） 微课版

清华大学出版社
北　京

内 容 简 介

本书以课件实例为主线,注重教学设计与课件制作技术的有机结合,系统讲解了利用PowerPoint设计与制作多媒体课件的理论、方法和技巧。

全书共11章,详细介绍课件设计理论,讲解PPT课件中的文字、图形和图示、图像、图表、声音和视频、动画等多媒体元素的设计,介绍PPT课件界面设计、交互设计、典型PPT课件应用解析、顺畅地播放PPT课件等知识。

微信扫描书中的二维码,可以观看与教材同步的教学视频,全程语音讲解,真实操作演示。另外,还提供了本书用到的课件实例源文件及各种素材,读者可以将这些课件直接应用到教学中,或者以这些课件实例为模板稍做修改,就可以迅速制作出更多、更实用的课件。

本书可作为师范类院校的多媒体课件制作教材、各级教师的培训教材,也可作为中小学各科教师、多媒体课件制作人员及PowerPoint制作爱好者的自学参考书。

本书封面贴有清华大学出版社防伪标签,无标签者不得销售。
版权所有,侵权必究。举报:010-62782989,beiqinquan@tup.tsinghua.edu.cn。

图书在版编目(CIP)数据

让课堂更精彩!:精通PPT课件设计与制作:微课版/缪亮主编.—2版.—北京:清华大学出版社,2018
(2024.1重印)
ISBN 978-7-302-49604-5

Ⅰ.①让… Ⅱ.①缪… Ⅲ.①多媒体课件—图形软件 Ⅳ.①G434

中国版本图书馆CIP数据核字(2018)第028914号

责任编辑:魏江江
封面设计:刘 键
责任校对:白 蕾
责任印制:杨 艳

出版发行:清华大学出版社
网　　址:https://www.tup.com.cn,https://www.wqxuetang.com
地　　址:北京清华大学学研大厦A座　　邮　编:100084
社 总 机:010-83470000　　邮　购:010-62786544
投稿与读者服务:010-62776969,c-service@tup.tsinghua.edu.cn
质量反馈:010-62772015,zhiliang@tup.tsinghua.edu.cn
课件下载:https://www.tup.com.cn,010-83470236
印 装 者:三河市铭诚印务有限公司
经　　销:全国新华书店
开　　本:185mm×260mm　　印　张:15.25　　字　数:368千字
版　　次:2016年4月第1版　　2018年4月第2版　　印　次:2024年1月第14次印刷
印　　数:48001~50000
定　　价:69.90元

产品编号:075448-01

前言 PREFACE

随着信息技术在教学中的逐渐普及，在课堂上利用多媒体课件，教学内容能够集声、光、色、动于一体，教师能根据教学需求实现教学内容在大小、远近、快慢、整散、虚实和动静之间的自由转换，突破时空的限制，并能生动直观、形象逼真地再现事物的发生与发展过程。

随着多媒体课件在课堂上的应用越来越广泛，教师对学习多媒体课件制作技术的愿望也越来越迫切，要求也越来越高。当前市场上一些晦涩难懂的课件理论教材和枯燥乏味的软件操作手册，都使很多学习者望而却步、心生厌烦。

怎样创作一种理论联系实际、充分体现教学设计、融入设计理念的好教材，是我们一直思考的问题。体现现代教育思想，探索新的教学模式，并能充分发挥计算机和网络的优势，这是制作和使用多媒体课件的前提。因此，好的课件设计与制作教材，就必须围绕教学设计、内容呈现、技术运用、艺术效果和创新性等方面进行探讨，给读者以启迪。

本书定位

本书不是简单的PPT课件制作步骤的讲解，而是围绕教学设计，融入成熟的设计理念，从课件实例出发，系统讲解PPT课件设计与制作技巧。读者通过本书的学习，可以达到以下目标。

（1）快速高效地开发多媒体课件，使自己的课堂更精彩。

（2）建立自己的课件素材库，在需要的时候方便使用。

（3）对PPT课件有一个全新的认识，使自己成为PPT课件制作高手。

教学视频

为了让读者更轻松地完成本书的学习，我们精心制作了配套的多媒体教学视频，全程语音讲解，真实操作演示，让读者一学就会。另外，还提供了本书用到的课件实例源文件及各种素材，读者可以将这些课件直接应用到教学中，或者以这些课件实例为模板稍做修改，迅速制作出更多、更实用的课件。

网络课程

立体出版计划为读者建构了全方位的学习环境，为了帮助读者建构真正意义上的学习环境，我们以图书为基础，为读者专设了一个图书服务网站——课件吧。网站提供相关图书资讯，以及相关资料下载和读者俱乐部。在这里，读者可以得到更多、更新的共享资源，还可以找到志同道合的朋友，相互交流，共同进步。

课件吧：http://www.cai8.net。

本书网络课程：http://www.cai8.net/ppt.html。

本书作者

参加本书编写的作者是多年从事教学工作的资深教师和从事多媒体课件开发的专业技术人员，具有丰富的教学经验和课件制作经验。他们的课件作品曾多次荣获国家级、省级奖励。其中，缪亮老师还多次担任全国NOC多媒体课件大赛裁判长。

本书主编为缪亮（负责编写第1章、第2章），副主编为范立京（负责编写第3章～第5章）和孙毅芳（负责编写第6章、视频教程开发），编委为陶颖（负责编写第7章～第9章）、陈荣团（负责编写第10章、第11章）。

郭刚、许美玲、赵崇慧、李泽如、李敏、丁文珂、董卓亚、姜彬彬、何红玉及董春波等参与了创作和编写工作，在此表示感谢。另外，感谢开封文化艺术职业学院、聊城幼儿师范学校、辽宁工程技术大学、南阳市油田实验小学对本书的创作给予的支持和帮助。

由于编写时间紧迫，加之作者水平有限，疏漏和不足之处在所难免，恳请广大读者批评指正。

作　者

2018年1月

第1章　PowerPoint 课件制作基础　001

1.1　多媒体课件和 PowerPoint　002
1.1.1　什么是多媒体课件　002
1.1.2　从课件到学习对象　002
1.1.3　什么是 PPT 课件　003
1.1.4　什么是优秀 PPT 课件的标准　004

1.2　让 PowerPoint 听指挥　009
1.2.1　PowerPoint 窗口　009
1.2.2　PowerPoint 制作课件的功能分析　011
1.2.3　让 PowerPoint 的工作环境更符合自己的操作习惯　012

1.3　PowerPoint 课件制作流程　015
1.3.1　选题分析　016
1.3.2　教学设计　016
1.3.3　素材整理　017
1.3.4　开发制作　018
1.3.5　测试评价　018

1.4　如何成为 PPT 课件高手　018

第2章　让 PowerPoint 课件清晰表达——文字　021

2.1　概述　022
2.2　PowerPoint 课件中文字使用的原则　022
2.2.1　疏密有间　022
2.2.2　重点突出　023
2.2.3　方便阅读　026

2.3　美化课件中的文字　028
2.3.1　字体和文字格式　028
2.3.2　文字排版　031
2.3.3　文字特效　034
2.3.4　特殊文字的创建　038

第 3 章　让 PowerPoint 课件更形象——图形和图示　041

- 3.1　概述　042
- 3.2　插入和编辑形状　043
  - 3.2.1　插入形状　043
  - 3.2.2　编辑形状　044
- 3.3　形状属性　048
  - 3.3.1　填充　048
  - 3.3.2　边框　051
  - 3.3.3　平面效果　052
  - 3.3.4　三维效果　053
- 3.4　图形设计技巧　054
  - 3.4.1　网格线和参考线　054
  - 3.4.2　对齐功能　056
  - 3.4.3　组合功能　057
  - 3.4.4　形状组合编辑　058
- 3.5　图形在 PPT 课件中的应用案例　059
  - 3.5.1　板书设计　059
  - 3.5.2　齿轮设计　060
  - 3.5.3　绘制简易立体几何图形　061

第 4 章　让 PowerPoint 课件更直观——图像　063

- 4.1　概述　064
  - 4.1.1　在课件中使用图像的目的　064
  - 4.1.2　图像格式　066
  - 4.1.3　图像的获取方法　068
- 4.2　使用图像的原则　070
  - 4.2.1　清晰美观　071
  - 4.2.2　真实可信　071
  - 4.2.3　主题相关　072
  - 4.2.4　风格统一　072
  - 4.2.5　去粗存精　073
- 4.3　图像编辑技巧　073
  - 4.3.1　插入图像　073
  - 4.3.2　选择窗格　076
  - 4.3.3　更改图片和另存为图片　077
  - 4.3.4　裁剪图片　078
  - 4.3.5　删除图像背景　078

4.4 图像美化技巧　　　　　　　　　079
　4.4.1 预设样式效果　　　　　　　079
　4.4.2 图像艺术效果　　　　　　　081
　4.4.3 给图像添加边框　　　　　　082
　4.4.4 半透明遮盖效果　　　　　　083
　4.4.5 图像去色设置　　　　　　　084
　4.4.6 让背景图像渐变消失　　　　084

第5章　让PowerPoint课件更可信——图表　　087

5.1 概述　　　　　　　　　　　　　088
5.2 表格　　　　　　　　　　　　　088
　5.2.1 插入表格　　　　　　　　　089
　5.2.2 美化表格　　　　　　　　　090
5.3 数据型图表　　　　　　　　　　091
　5.3.1 插入数据型图表　　　　　　091
　5.3.2 图表构成元素　　　　　　　092
　5.3.3 数据型图表类型　　　　　　093
　5.3.4 数据型图表的美化　　　　　094
5.4 逻辑型图表　　　　　　　　　　096
　5.4.1 插入逻辑型图表　　　　　　096
　5.4.2 SmartArt图形的美化　　　　097
　5.4.3 SmartArt图形的编辑　　　　097

第6章　让PowerPoint课件有声有色——声音和视频　　099

6.1 声音概述　　　　　　　　　　　100
　6.1.1 常见的声音文件格式　　　　100
　6.1.2 获取声音素材的方法　　　　101
6.2 在PPT课件中应用声音　　　　　101
　6.2.1 插入声音　　　　　　　　　102
　6.2.2 声音的编辑　　　　　　　　102
　6.2.3 英语单词指点领读　　　　　103
　6.2.4 为对象添加提示音　　　　　103
　6.2.5 控制声音的播放　　　　　　105
　6.2.6 为PPT课件添加背景音乐　　105
　6.2.7 录制和使用旁白　　　　　　107
6.3 视频概述　　　　　　　　　　　108
　6.3.1 常见的视频文件格式　　　　108

6.3.2	获取视频素材的方法	109
6.3.3	视频格式的转换	110
6.4	在 PPT 课件中应用视频	111
6.4.1	直接插入视频	111
6.4.2	利用视频控件插入视频	112
6.4.3	控制视频的播放	114

第 7 章　让 PowerPoint 课件更生动——动画　115

7.1	概述	116
7.2	PowerPoint 中的动画设计技巧	116
7.2.1	在幻灯片之间添加动画切换效果	117
7.2.2	为幻灯片上的元素添加动画效果	117
7.3	动画应用典型范例	120
7.3.1	进入动画的应用——凹面镜的性质	120
7.3.2	退出动画的应用——轴对称图形	121
7.3.3	强调动画的应用——单摆	123
7.3.4	路径动画的应用——模拟雪花飘落	124
7.3.5	路径动画的应用——平抛运动	125
7.3.6	路径动画的应用——卷轴动画	127
7.3.7	高级日程表的应用——倒计时	128
7.3.8	制作汉字笔画描红动画	131
7.3.9	在 PPT 课件中插入 Flash 动画	132

第 8 章　PowerPoint 课件界面设计　135

8.1	概述	136
8.2	课件界面设计的基本原则	136
8.2.1	简洁明了	136
8.2.2	布局合理	136
8.2.3	一致性原则	138
8.2.4	变化性原则	139
8.3	课件界面的布局技巧	141
8.3.1	课件中对象的对齐	141
8.3.2	使用线条进行条块分隔	143
8.3.3	利用表格进行排版和布局	144
8.3.4	使用内置主题	147
8.4	让色彩影响学生	149
8.4.1	什么是好色彩	149

8.4.2 使用主题色彩 150
8.4.3 渐变和透明 152
8.5 课件中常见页面的界面设计 153
8.5.1 封面页 154
8.5.2 导航页 155
8.5.3 内容页 156
8.5.4 退出页和帮助页 157
8.6 界面设计的利器——母版 158
8.6.1 认识母版 158
8.6.2 使用幻灯片母版设计课件界面 159

第 9 章　PowerPoint 课件交互设计　163

9.1 实现 PowerPoint 课件交互的三大法宝 164
9.1.1 了解超链接 164
9.1.2 认识动作 165
9.1.3 掌握触发器 166
9.2 课件中的常见交互 168
9.2.1 开关按钮 168
9.2.2 热区 169
9.2.3 菜单 172
9.3 习题中的交互 176
9.3.1 填空题 176
9.3.2 选择题 177
9.3.3 连线题 179
9.4 功能强大的 VBA 180
9.4.1 VBA 简介 180
9.4.2 随机出题 182
9.4.3 基于 VBA 的选择题 184
9.4.4 播放 Flash 动画 187

第 10 章　典型 PPT 课件应用解析　191

10.1 演示型课件 192
10.1.1 演示型课件概述 192
10.1.2 演示型课件制作解析 192
10.2 资料型课件 200
10.2.1 资料型课件概述 200
10.2.2 资料型课件制作解析 200

10.3　课堂训练型课件　　　　　　　　　　　　　　204
　　10.3.1　课堂训练型课件概述　　　　　　　　204
　　10.3.2　课堂训练型课件制作解析　　　　　　205

第 11 章　顺畅地播放 PPT 课件　　　　213

11.1　播放课件前教师需要做什么　　　　　　　　214
　　11.1.1　准备好提示自己的备注　　　　　　　214
　　11.1.2　设计好播放时间　　　　　　　　　　216
　　11.1.3　针对不同的课堂需要使用不同的幻灯片　　217
　　11.1.4　不要让提示信息出现　　　　　　　　219
11.2　播放课件时教师能做什么　　　　　　　　　222
　　11.2.1　屏幕上的勾画　　　　　　　　　　　222
　　11.2.2　课件播放时同样能够更改幻灯片内容　　223
　　11.2.3　幻灯片放映时的黑屏模式　　　　　　224
　　11.2.4　课件的双屏显示　　　　　　　　　　225
11.3　课件的打包　　　　　　　　　　　　　　　227
　　11.3.1　为什么要打包　　　　　　　　　　　227
　　11.3.2　如何对课件打包　　　　　　　　　　228
11.4　课件的发布　　　　　　　　　　　　　　　229
　　11.4.1　对课件进行保护　　　　　　　　　　230
　　11.4.2　根据需要发布课件，让课件广为传播　　231

第 1 章
PowerPoint 课件制作基础

本章主要内容：
- 多媒体课件和PowerPoint
- 让PowerPoint听指挥
- PowerPoint课件制作流程
- 如何成为PPT课件高手

1.1 多媒体课件和 PowerPoint

随着信息技术在教学中的逐渐普及，课堂教学不再是凭教师"一支粉笔一张嘴，一块黑板一本书"来进行的单一教学模式。借助于多媒体技术，教师能够让静止的画面动态化，使繁杂的过程简单化，从而充分调动学生的多种感官参与有效的学习活动，激发他们学习的兴趣，加大课堂的教学密度，提高学生的学习效率。

1.1.1 什么是多媒体课件

课件（Courseware）是在一定的学习理论指导下，根据教学目标设计的，反映某种教学策略和教学内容的计算机文档或可运行软件。从广义上讲，凡具备一定教学功能的教学软件都可称为课件。课件可以说是一种课程软件，也就是说其中必须包括具体学科的教学内容。

通常所说的课件一般都是指多媒体课件。多媒体（multimedia）是指信息媒体的多样化，它是一种能够同时获取、处理、编辑、存储和展示两种以上不同类型信息媒体的技术。这些信息媒体包括文字、图形、图像、动画、声音与视频等。多媒体课件是指以计算机为核心，交互地综合处理文字、图形图像、动画、声音和视频等多种信息的一种教学软件，如图 1-1 所示。

图 1-1 多媒体课件

通过多媒体课件，可以将一些平时难以表述清楚的教学内容，如实验演示、情境创设、交互练习等，生动形象地展示给学生。学生通过视觉、听觉等多方面参与，更好地理解和掌握教学内容，培养学生学习的兴趣，活跃了课堂气氛，同时也扩大了学生获取信息的渠道。因此，多媒体课件可以使教师和学生教与学的手段多样化，近年来被广泛应用于教学领域。

有的专家对多媒体课件的概念是这样定义的。多媒体课件是指用于辅助教师的"教"或促使学生自主地"学"，以突破课堂教学中的重点、难点，从而提高课堂教学质量与效率的多媒体教学软件。

1.1.2 从课件到学习对象

随着网络技术、多媒体技术以及教育理论的发展，信息化教育经历了从课件到积件再到学习对象的发展过程，如图 1-2 所示。

积件是由教师根据教学需要自行组合运用的教学信息和教学处理策略库与工作平台。积件把整堂课的内容分解成"积木"式的一个个独立课件，可以是一个演示过程、一段历史回顾、一个问题讲解、一个事物的描述等，教师根据自己教学的实际需要像搭积木一样自由组合这些小软件来生成需要的课件。

积件理论开创了教育资源共享的研究先河，极大地普及了教育资源共享的理念。但积件主要在观念上讨论居多，在实践操作中并没有统一的标准，存在一些固有的缺陷，无法在工程层面上有效促进教育资源的共享，也无法提升教育资源共享的层次。

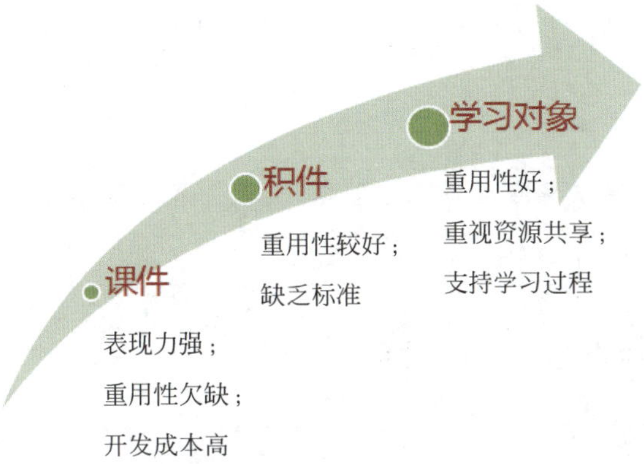

图 1-2 信息化教育的发展

进入 21 世纪以来，学习对象技术越来越引起国际教育技术界的关注。学习对象作为目前国际上普遍认可的学习技术标准，在理念、技术、结构上的影响都比积件更进了一步，被国际教育技术领域普遍认为是解决教育资源共享和重用问题的非常重要的途径。学习对象是任何具有重用特性并能用来支持学习的数字化资源，突出特点是它的数字化、可重用性以及对学习过程的支持。

本教材主要研究多媒体课件的制作技术，关于先进的信息化教学理论以及学习对象技术的发展等内容，请有兴趣的读者自行研究，对于开阔多媒体课件的制作思路会大有益处。

1.1.3 什么是 PPT 课件

PPT 是 PowerPoint 制作的文档简称。每天世界上有数以亿计的人在看 PPT，无论是企业、公司、政府部门还是学校，PPT 已经成为人们学习和交流的重要信息技术工具。

PowerPoint 是 Microsoft(微软)公司的软件产品，它是 Office 办公软件中的一个组件，Office 包括 Word、PowerPoint、Excel 等组件，是世界上用户最多的办公软件。

PowerPoint 具有简单易学、功能强大、资源丰富等特点，利用它可以制作出内容丰富、表现力强、用户交互的电子幻灯片，这也使 PPT 在教育领域的应用也越来越广泛。PPT 课件就是利用 PowerPoint 制作的课件，主要应用在职业培训、课题教学、信息交流等方面。

下面，首先通过一个简单实例介绍 PPT 课件。在 PowerPoint 2007 或以上版本的软件中打开文件"PPT 课件示例_动画的视觉原理.pptx"，如图 1-3 所示。

PowerPoint 制作的作品保存文件类型通常为.ppt(PowerPoint 2007 以下的软件版本)或者.pptx 格式(PowerPoint 2007 及以上的软件版本)，这个文件称为演示文档，在这里称之为 PPT 课件或者 PowerPoint 课件。

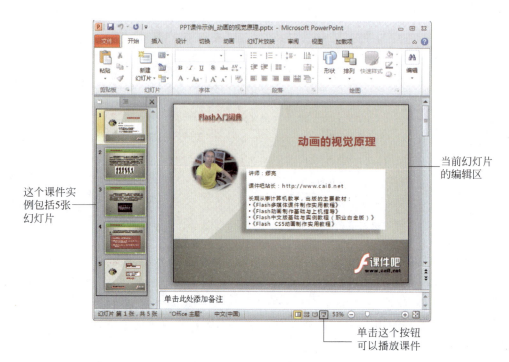

图 1-3　在 PowerPoint 软件中打开课件实例

每个演示文档都是由一张或多张幻灯片组成的，幻灯片是存放课件内容的地方，上面可以包括文字、图片、声音、动画、视频等内容，在播放课件时，幻灯片会逐张展示，每张幻灯片就是一个独立的界面。

1.1.4　什么是优秀 PPT 课件的标准

评价一个课件是否优秀，并不是只看这个课件是否有华丽的界面，而是要先看这个课件是否实现了其应有的作用，比如教学设计是否明确、内容呈现是否科学、技术运用是否得当、艺术效果是否美观及课件创新是否巧妙等。

当前，国内举办了很多课件大赛，评判优秀课件的标准也越来越完善，下面列举两个评判标准供读者参考，如表 1-1 和表 1-2 所示。

表 1-1　优秀课件评判标准 1

评 分 要 素	比　　例
概念描述科学性、问题表述的准确性、引用资料的正确性、认知逻辑的合理性	20%
直观性、趣味性、启发性、针对性、创新性	25%
实用性、稳定性、易操作性、可移植性、易维护性	25%
画面艺术、语言文字、声音效果	15%
学习进度可调、学习路径可选、交互参数可调	9%
教学策略：支持合作学习、自主学习或探究式学习	6%

表 1-2　优秀课件评判标准 2

评 价 内 容	权　重
适应教学内容,有利于教学,符合认知规律,结构合理,实用性强	20
技术性强、稳定、易操作	15
交互性强,体现人机互动、评价反馈	5
具有创新性	5
艺术性强,包括色彩、画面、音像、美工等	5
符合以下条件的给予额外加分。 (1) 作品为辅助学生观察和认知的 360°虚拟全景图。 (2) 教育游戏。 (3) 互动性强,利于培养学生发散性思维的非网页式课件。 (4) 充满教学设计的精彩教学视频短片(非课堂实录)。 (5) 帮助学生自主探究的实验型积件。 (6) 适用于交互式电子白板操作的课件。 (7) 运用 Moodle 等非常用课件平台开发的课件。 (8) 移植性、通用性强的课件模板	+10

什么是公认的好课件?如何评价一个课件的好坏?多媒体课件要体现先进的教育思想,探索新的教学模式,并能充分发挥计算机和网络的优势,要求在教学设计、内容呈现、技术运用、艺术效果和创新性等方面符合下述 5 点要求。

1. 目的性

课件最重要的一个作用就是解决一些教学过程中使用其他教学手段无法解决的问题和教学中的一些难点,因此在评价一个课件时,首先要看它的教学设计思想和教学策略是否清晰,教学对象和目标是否明确。具体来说,优秀课件应该符合以下几个方面的要求。

(1) 课件必须服务于教学实践,能真正应用到实际中,不能只是"参赛课件"。

(2) 教学内容符合学生认知水平和特点。教学内容的选材要适当,逻辑层次清楚,重点、难点突出。

(3) 教学策略合理,有助于支持自主学习、协作学习或探究式学习,有利于激发学生的学习兴趣,增强学生主动参与和全面发展、个性化发展的能力。

(4) 符合新课改要求,要以学生为中心,倡导学生主动参与、乐于探究、勤于动手,从灌输走向引导,变"要我学"为"我要学",从"重结果"走向"重过程",变"学会"为"会学"。

(5) 正确对待教学设计,不能把课件当成"电子黑板"。不要被教学设计束缚住,要赋予课件生命力,将课件做"活"。

如图 1-4 所示为《如何用圆规画圆》数学课件中 2 张幻灯片的截图。为了教学圆规画圆,这个 PPT 课件制作了一个"三步曲"的场景,将立体的圆规变成平面的画面,难免会让人觉得滑稽。鲁迅先生告诫我们,写文章要惜墨如金,"将可有可无的字句段全都删去,毫不可惜"。做课件也一样。如果用多媒体展示内容的效果不能优于其他的辅助教学手段(包括教师的言语和板书),那就不要让课件的魅力丧失殆尽。

2. 科学性

课件的科学性有两层含义,一是指课件内容没有错误;二是指课件的呈现符合科学规

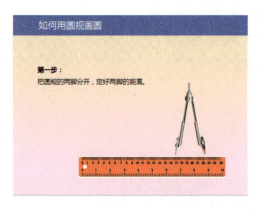 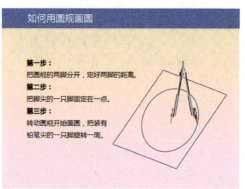

图 1-4 《如何用圆规画圆》课件截图

律。具体来说,优秀课件在科学性上应该符合以下几个方面的要求。

(1) 内容呈现的结构应符合学习认知规律,满足教学要求。

(2) 素材选用恰当,表现方式简洁合理。

(3) 教学内容正确,无科学性错误。

(4) 文字、符号、单位和公式应用符合国家标准。

以十分严谨的态度制作课件,是优秀课件最起码的要求,应避免出现知识性错误,如物理课件《杠杆》中将活塞式抽水机摇杆所受的阻力画成动力;物理课件《凸透镜成像》中将所成虚像的光路图用实线表示;一些文科课件中出现文字或读音上的错误,等等。

课件中出现的这些错误有些是常识性的,有些是粗心所致。课件制作一定要有严谨的作风,来不得半点轻率。例如,有一个《琵琶行》的语文课件,在写作背景介绍页面中将唐宪宗写成了唐玄宗,如图 1-5 所示。众所周知,玄宗死后 10 年,白居易才出生。这个作品结构、美工和创意等方面都很不错,但就因这一错误而与优秀课件失之交臂,实在可惜。

图 1-5 《琵琶行》课件

有的课件为了追求"完整"或新奇,将一些与主题无关的内容或动画元素塞入课件,起到的只是干扰教学的作用。这个缺陷在一些初学者的课件中最为常见。例如,有一个《三角形内角和定理》的数学课件,第一张幻灯片是用动画滚动显示一幅"百年大计,教育为本"的对联,第二张幻灯片是配音字幕介绍"教学目的,教学重点,教学难点"。其实这些内容在课件中出现实在是一种累赘,不符合优秀课件的科学性要求。

3. 技术性

课件是在学习过程中使用的计算机程序,既然是程序,在设计和制作过程中就会涉及各种技术的运用。针对技术性而言,优秀课件应该符合以下几个方面的要求。

(1) 根据教学内容、教学思路和学生认知情况,选择恰当的素材和应用软件进行设计。

(2) 课件运行环境友好,兼容性好,能在不同计算机上正确运行。

(3) 课件运行稳定,无故障,响应及时,播放流畅,没有"死机"现象,没有导航、链接错误,容错性好。

(4) 知识定位清楚,导航、检索、帮助要方便合理。

(5) 操作方便、灵活,交互性强,启动时间、链接转换时间短。

有的教师在设计课件时,喜欢在片头制作上花费很多精力,动画、音乐、视频齐上阵,片头效果华丽致极。其实课件节奏要设计得合理,不能太拖拉,课件片头之类与教学无关的画面不宜太长,几秒即可。另外,在 PPT 课件中应少用一些特效,例如课件中每一行文字都要"飞出",这样很耽误时间。

交互技术的好坏,通常是对一个课件进行技术评价的重要指标,通常体现在对鼠标和键盘的动作做出响应的方面。其中又以鼠标动作为主,例如典型的单击交互、拖曳交互等。有些 PPT 课件只是将教学内容按照顺序简单地呈现,没有任何交互设计,如图 1-6 所示。这样的课件只是对教案文字的搬家,课件的设计者并没有把自己对于教学的想法,包括教学目的、实现教学活动的教学策略、教学顺序、控制方法等用计算机程序描述和呈现出来。

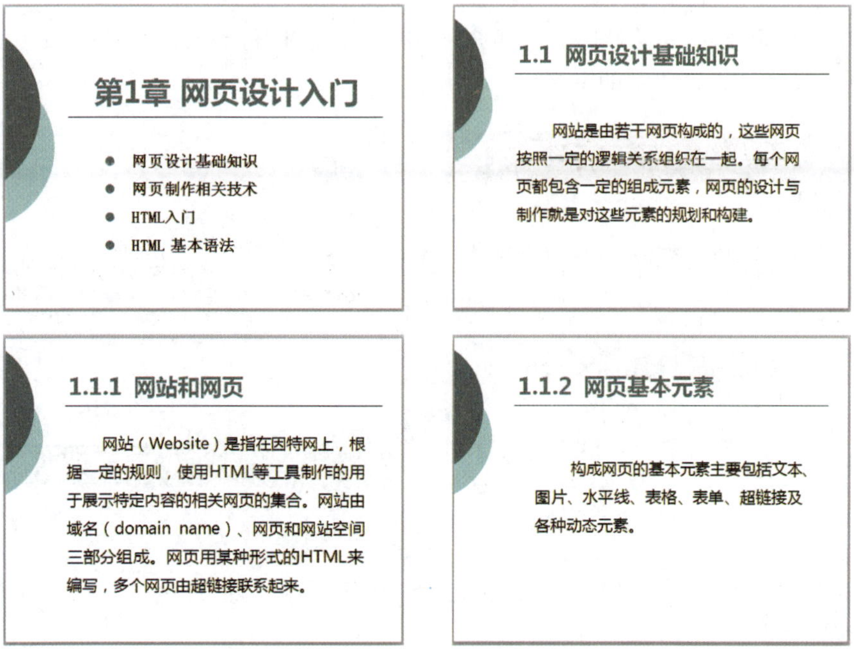

图 1-6 欠缺交互功能的课件

4. 艺术性

课件的艺术性简单地说就是课件是否美观好看,优秀的 PPT 课件一定是构图合理、色彩协调、风格统一的。具体来说,优秀课件在艺术性上应该符合以下几个方面的要求。

(1)界面布局合理、新颖、活泼、有创意,整体风格统一,导航清晰简洁。
(2)色彩搭配协调,视觉效果良好,符合视觉心理。
(3)语言简洁生动,文字清晰,版式规范,字体运用恰当。
(4)视像、动画形象生动,声画同步,有感染力。
(5)各种媒体制作精细,吸引力强,激发学习兴趣。

如图1-7所示,这样的课件版面凌乱,颜色混乱,字体使用不当,不但不能给人以美的享受,反而会让人产生烦躁的感觉。

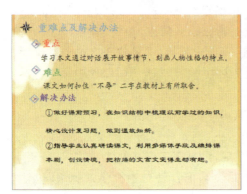 

图1-7 缺乏艺术性的课件

如图1-8所示,这样的课件版面布局合理,颜色搭配得当,给人以简洁与统一的感觉,可以传递美的信息,给人以艺术的享受。

 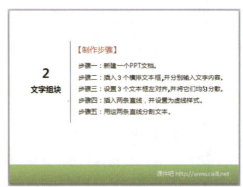

图1-8 具有艺术性的课件

平面视觉效果的美感是评判一个课件艺术性的重要因素,除此之外,配音、动画、视频等课件内容也需要具备艺术性。

课件中的配音可以分为解说、动作音效和背景音乐。其中,动作音效的作用有限,不宜过大;背景音乐常常用来创造情境,所以主题音乐的选择一定要适合授课内容。

动态效果的添加要有目的性。一些制作者将大量喜爱但与主题无关的场景和动画元素都塞进课件,虽然看起来花哨,但对揭示主题毫无意义。

5. 创新性

创新是课件的生命力。优秀课件在创新性方面应该符合以下几个方面的要求。

（1）立意新颖、构思独特、设计巧妙。

（2）具有想象力和个性表现力。

（3）运用新技术并使用得当。

创新不是标新立异，不是光怪陆离的技术展示，而是要在如何实现新课标的要求上做文章。新课标要求教师在课堂上组织好学生的自主学习，积极培养学生的思维能力，优秀的课件就应该在这一点上下大力气。

例如小学低年级的语文课件，识字教学部分大都是拼音、结构、解释和笔顺动画显示，如图 1-9 所示的课件在常规之外增加了"识字法"部分，两只小鸡分别拖着"力"和"口"由远走近，拼成了一个"加"字，使"加"字的字形和意义都在这个简单的动画中得到形象的显现，这就是创新。一个课件中如果渗透了创新意识，哪怕是一点点，也是难能可贵的，因为它代表了发展。

图 1-9 识字法课件

1.2 让 PowerPoint 听指挥

PowerPoint 将成为大家制作多媒体课件的亲密伙伴，熟悉 PowerPoint 的工作环境和功能，并根据需要自定义一些操作习惯，对于高效制作 PPT 课件是十分必要的。

1.2.1 PowerPoint 窗口

PowerPoint 简单易学并且功能强大，所以很多一线教师都把它作为制作多媒体课件的首选软件。它所提供的许多便捷、高效的工具可以帮助用户在短时间内创建专业、美观、实用的 PPT 课件。以 PowerPoint 2010 简体中文版为例，软件窗口如图 1-10 所示。

PowerPoint 窗口结构和大部分 Windows 应用程序的窗口类似，这里不再赘述。下面介绍 PowerPoint 和制作课件相关的几个术语。

（1）演示文稿：PowerPoint 制作的作品，保存文件类型通常为 .ppt 或 .pptx 格式，这里称为 PowerPoint 课件或者 PPT 课件。

（2）幻灯片：演示文稿是由一张或多张幻灯片组成的，幻灯片是演示文稿存放内容的地方，可以在幻灯片上放置文字、图片、声音、动画、视频等，在放映演示文稿时，一张幻灯片就是一个独立的课件界面。

（3）占位符：用来提示在幻灯片上插入内容的位置的符号，是一种带有虚线或阴影线边缘的框，在这些框内可以放置标题及正文或者图表、表格和图片等对象。

（4）幻灯片版式：如图 1-11 所示，通过幻灯片版式的应用，可以对文字、图片等元素进行更加合理简洁的布局。PowerPoint 2010 提供了一些默认的版式，如图 1-12 所示。一般一定版式的幻灯片适合做特定的内容，如标题幻灯片适合用于做课件标题，但在实际课件制作中，使用默认版式的情况不多，设计者可以自己在空白幻灯片上设计自己的版式。

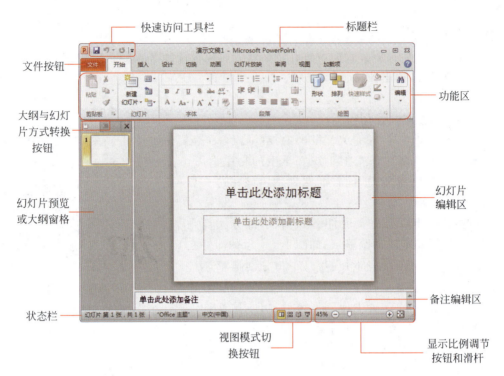

图 1-10　PowerPoint 2010 窗口

图 1-11　占位符

（5）幻灯片主题：从幻灯片设计角度而言，主题提供了演示文稿的外观构建，它将背景设计、占位符版式、颜色和字形等应用于幻灯片。利用幻灯片主题，可以快速美化课件的外观。在"设计"功能区的中间是"主题"组，可以看到一个主题列表框，其中展示了若干主题的缩略图，如图 1-13 所示。

（6）选项卡和功能区：在 PowerPoint 2007 及其以上版本的软件中，常用的菜单和菜单命令不见了，取而代之的是选项卡和功能区。功能区能帮助用户快速找到完成某一任务所需的命令。命令被组织在逻辑组中，逻辑组集中在选项卡下。为了减少混乱，某些选项卡只

图 1-12　幻灯片默认版式

图 1-13　幻灯片主题

在需要时才显示。例如,仅在幻灯片上选择图片后,才会显示"图片工具"选项卡。

1.2.2　PowerPoint 制作课件的功能分析

不同的人使用 PPT 的功能不同,有的人用 PPT 演示公司产品,有的人用 PPT 汇报年终总结,有的人用 PPT 辅助演讲……,PPT 课件将 PowerPoint 定位在教学活动中,下面就从课件这个角度分析 PowerPoint 的功能。

PowerPoint 制作课件的功能分析如表 1-3 所示。

表 1-3　PowerPoint 制作课件的功能分析

课件设计与制作需求	PowerPoint 功能分析
多媒体信息集成	✓ 利用插入文本框、艺术字功能创建文字内容。 ✓ 利用插入公式的功能创建各种公式。 ✓ 利用插入图片、剪贴画、屏幕截图、相册、形状和 SmartArt 等功能创建图片内容。 ✓ 利用插入表格、图表功能创建表格和图表。 ✓ 利用插入视频、音频等功能创建声音和视频内容。 ✓ 利用插入控件的功能创建 Flash 动画内容。 ✓ 利用自定义动画功能创建动画

续表

课件设计与制作需求	PowerPoint 功能分析
内容呈现顺序与呈现方式	✓ 利用幻灯片组织内容。 ✓ 利用自定义动画功能控制幻灯片上内容出现与消失的顺序及方式
课件界面设计与实现	✓ 利用样式、排列等功能设计幻灯片上内容的多种艺术效果。 ✓ 利用默认主题功能快速设计课件的统一外观。 ✓ 利用颜色、字体和效果功能分别设计课件的颜色方案、字体方案和效果方案。 ✓ 利用模板或背景功能设计课件的统一背景。 ✓ 利用幻灯片母版功能设计课件的背景和风格
课件交互设计与实现	✓ 利用超链接功能实现任意内容间的跳转。 ✓ 利用动作功能设计按钮交互、热对象交互和热区域交互。 ✓ 利用自定义动画及触发器设计各种交互。 ✓ 利用 VBA 编程功能设计各种交互
课件的发布和扩展	✓ PowerPoint 作为微软 Office 软件的一个组件,普及率很高,利于 PPT 课件的传播。 ✓ PowerPoint 具有强大的发布功能,可以将 PPT 课件打包成 CD,也可以将播放器和 PPT 内容打包在一起,在脱离 PowerPoint 软件的环境中播放。 ✓ PPT 可以发布为 EXE、PDF、SWF 及多种视频格式,方便通过网络或者光盘发布。 ✓ PowerPoint 可以与 Flash、Authorware、几何画板等其他课件制作工具配合使用,以扩充 PPT 课件的功能。 ✓ PowerPoint 支持插件和加载项功能

1.2.3　让 PowerPoint 的工作环境更符合自己的操作习惯

PowerPoint 的工作环境配置包括自定义快速访问工具栏、自定义功能区、设置系统选项等。通过工作环境的配置,可以让 PowerPoint 符合设计者的操作习惯,以便更加高效地制作 PPT 课件。

1. 自定义快速访问工具栏

快速访问工具栏是一个可自定义的工具栏,它包括一组独立命令。默认情况下,快速访问工具栏中包括"保存""撤销""重复"命令,如果需要,可以向快速访问工具栏中添加表示命令的按钮,具体步骤如下。

① 单击访问工具栏右侧的"自定义快速访问工具栏"按钮,弹出下拉菜单,如图 1-14 所示,在下拉菜单中选择所需要的命令。

② 如果下拉菜单中没有所需要的命令,可以选择"其他命令"命令,弹出"PowerPoint 选项"对话框,如图 1-15 所示。在左侧的列表框中选择要添加的命令后单击"添加"按钮将其添加到右侧的列表框中,最后单击"确定"按钮即可。

教学视频

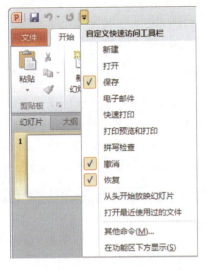

图 1-14 自定义快速访问工具栏下拉菜单

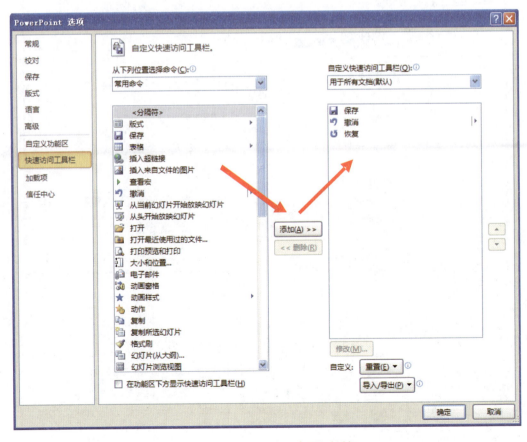

图 1-15 "PowerPoint 选项"对话框

> **专家点拨** 在功能区单击相应的选项卡或组，可以显示要添加到快速访问工具栏的命令。右击该命令，然后单击快捷菜单中的"添加到快速访问工具栏"命令，可将该命令快速添加到快速访问工具栏。

2. 自定义功能操作区

在 PPT 课件制作时，为了方便工作，完全可以根据自己的操作习惯定义功能操作区。在功能区空白处右击，在弹出的快捷菜单中选择"自定义功能区"命令，打开"PowerPoint 选项"对话框，如图 1-16 所示。在其中可以更改主选项卡与工具选项卡，还可以新建选项卡，以重新整理功能命令。

教学视频

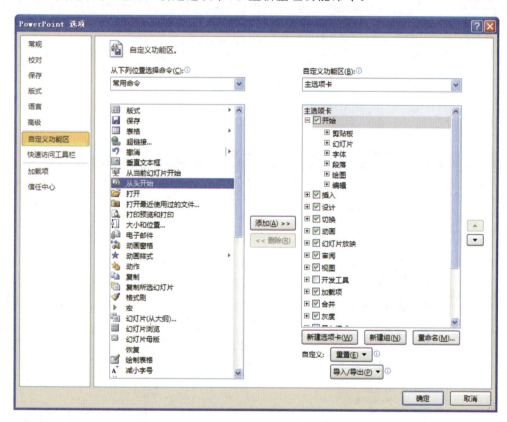

图 1-16　自定义功能区

制作 PPT 课件时经常需要创建音频和视频，可以自定义一个"音频和视频"选项卡，在其中将有关音频和视频编辑的工具分成两个组，如图 1-17 所示。

图 1-17　自定义一个"音频和视频"选项卡

> 在图 1-16 所示的对话框中，可以将自定义的选项卡导出成一个独立的文件（*.exportedUI），以后在重装软件或者在其他计算机上使用时，只需导入这个文件即可。

3. 设置系统选项

用户可以对 PowerPoint 软件进行一些系统选项的设置，以符合 PPT 课件制作的需求。比如，PowerPoint 默认的文件保存格式、自动保存文件的间隔时间、最多可撤销的操作数等。

在 PowerPoint 2010 中，单击"文件"标签，选择"选项"命令，即可打开"PowerPoint 选项"对话框，在其中可以对"常规""校对""保存""版式""语言""高级"等选项进行设置，如图 1-18 所示。

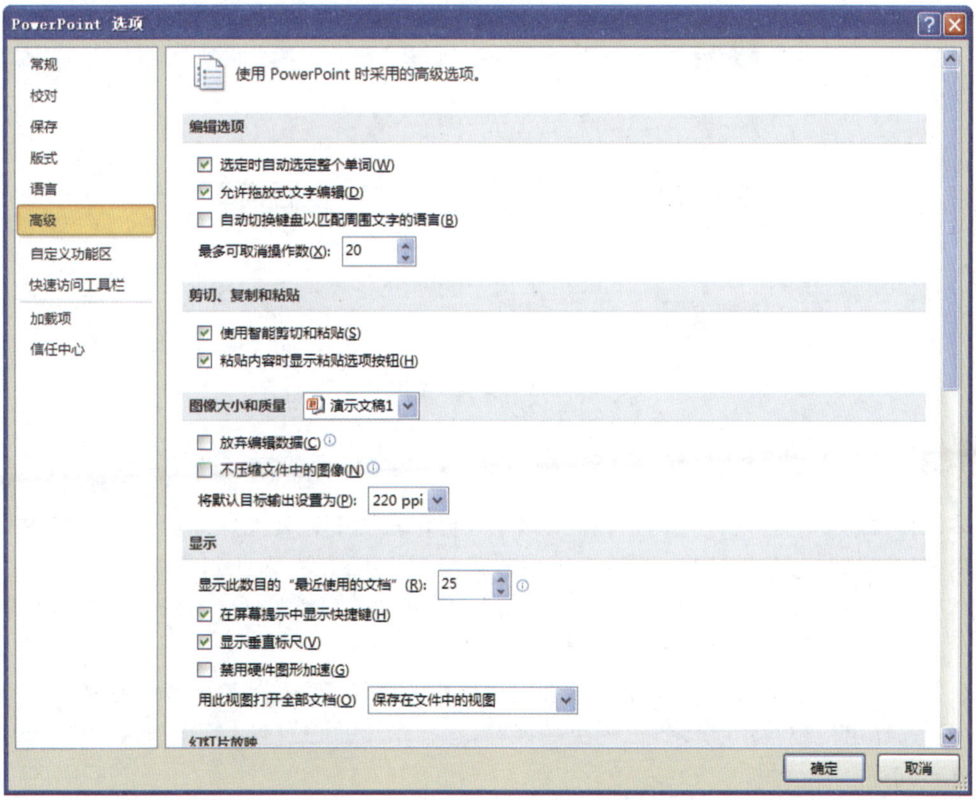

教学视频

图 1-18　设置 PowerPoint 选项

1.3　PowerPoint 课件制作流程

在现代教育技术被广泛应用的形式下，多媒体课件的设计制作越来越成为广大教师所应掌握的一种教学技能，那么一个优秀 PPT 课件的制作流程是怎么样的呢？一般情况下，PPT 课件设计制作的完整流程如图 1-19 所示。

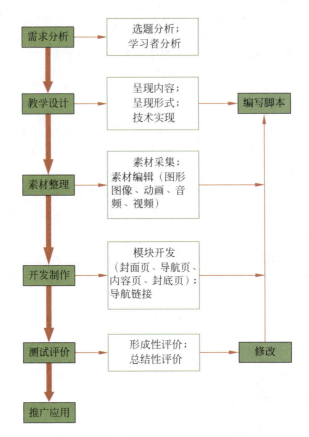

图 1-19 PPT 课件的制作流程

1.3.1 选题分析

多媒体课件是一种现代化的辅助教学手段,它在教学中有其他媒体所无法代替的优势,但使用多媒体课件一定要适度,并不是每一节课都要使用课件,因此制作课件一定要注意选题、审题。一个课件用得好,可以极大地提高课堂效率,反之则只会流于形式,甚至取到相反的作用。选题的基本原则如下。

(1) 选择能突出多媒体特点和发挥多媒体优势的课题,要适合多媒体来表现。

(2) 选择用传统教学手段难以解决的课题,选择学生难以理解、教师难以讲解清楚的重点和难点问题。

(3) 要考虑效益性原则,用常规教学手段就能取得较好效果时,就不必花费大量的人力物力去做多媒体课件。

1.3.2 教学设计

教学设计是课件制作中的重要环节,是制作多媒体课件的前提。课件效果的好坏,课件是否符合教学需求,关键在于教学设计。课件的教学设计一般包括以下三个方面。

(1) 呈现内容:课件要传递哪些教学信息。设计者应根据教学目标和学习对象的特点,合理地选择和组织教学内容。

（2）呈现形式：课件以什么样的形式呈现教学信息，如文本＋图片＋动画、音频＋视频、音频＋文本＋图表等。

（3）技术实现：课件采用什么技术进行设计制作，主要包括页面设计、层次结构设计、媒体的应用设计、知识点的表示形式设计、练习方式设计、页面链接设计、交互设计及导航设计等。

教学设计一般通过课件脚本来实现。课件脚本是将课件的教学内容、教学策略进一步细化，具体到课件每一张画面的信息呈现、画面设计、交互方式以及学习的控制，它是课件编制的直接依据。就像电视片的编制不能直接依据文学剧本，而应根据分镜头稿本进行拍摄一样。

课件脚本一般包括课件结构图和脚本卡片等。如图1-20所示即为一个课件整体结构图的示例，如表1-4所示为一个脚本卡片的示例。

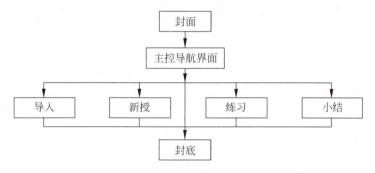

图1-20 课件整体结构图

表1-4 脚本卡片

页面序号	1	页面内容简要说明	课件的封面（片头）
屏幕显示		图	咏鹅 作者：骆宾王
说明	（1）"咏鹅"两字为艺术字 （2）插入图为鹅的图片 （3）加上背景音乐		

1.3.3 素材整理

理想的素材是制作优秀课件的基础，课件素材的质量直接关系到课件的优劣。制作人员应建立一个素材库，平时要注意积累制作课件所需的素材，并且要进行登记，进行分类保管。

多媒体课件的制作是一个系统工程，单一的软件工具一般很难完成课件制作任务。本书以 PowerPoint 为中心研究课件制作技术，但是课件中使用的大量多媒体素材，PowerPoint 并不是都能够处理，有时还要借助于其他软件工具，比如用 Photoshop 处理图像素材、用 GoldWave 或 Audition 处理声音素材、用 Flash 或 3ds max 制作动画素材、用 Premiere 或绘声绘影处理视频素材等。

1.3.4 开发制作

设计好课件脚本并根据脚本的需要整理好素材后，就可以利用 PowerPoint 对各种素材进行编辑，按照教学进程、教学结构以及脚本的设计思路，将课件分成模块进行制作，然后将各模块进行交互、链接，最后整合成完整的多媒体课件。

1.3.5 测试评价

在课件制作过程中，要不断地对课件进行评价和修改工作，它是课件制作过程中的重要组成部分，也是课件质量的保证。

评价包括形成性评价和总结性评价。形成性评价是在课件开发的过程中实施的评价，总结性评价是在课件开发结束以后进行的评价。根据评价结果对课件进行合理的修改，可以进一步提高课件质量和效果。

多媒体课件经过多次修改完善后，就可以投入使用了，除自己在教学中使用外，同时还可以进行推广或发行，以便在更广的范围进行交流。

1.4 如何成为 PPT 课件高手

随着电子白板、微课、翻转课堂等教学技术的兴起，PPT 已经成为教育工作者必须具备的一种基本技能。谁不想让 PPT 为自己的课堂增彩？谁不想让自己的 PPT 课件获得大奖？但是，要成为人人羡慕的 PPT 课件高手，必须具有一定的能力储备。

如图 1-21 所示，即成为 PPT 课件高手需要具备的能力。

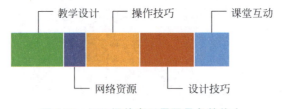

图 1-21　PPT 课件高手需要具备的能力

教学设计是 PPT 课件成功与否的基础，其中逻辑表达能力是最关键的。怎样把教学内容用 PPT 课件清晰明了地呈现出来，并让学习者容易接受，是教学设计的重点。

网络资源是设计和制作 PPT 课件的储备。各种类型的素材、PPT 模板、PPT 制作教程等网络资源必须日常积累，需要的时候才可以信手拈来。

操作技巧包括 PowerPoint 的基本概念、基本操作以及和课件制作相关的一些高级技巧。只有熟练掌握了 PowerPoint 软件的各种操作方法和技巧，才能更加从容地实现自己的设计目的。

设计技巧是让 PPT 课件更加出彩的关键能力。一些和 PPT 课件设计相关的字体理论、配色原理、平面布局原则、课件界面设计原则等也是成为 PPT 课件高手需要掌握的。

课堂互动实际上是在 PPT 课件使用环节出现的,这需要教师具备课堂的掌控能力。由于 PPT 成了课堂教学的一个重要角色,在设计制作 PPT 的时候就要考虑课堂互动的情况,并且在 PPT 制作完成后要实际演练,以达到游刃有余、从容不迫的教学效果。

如果设计制作的 PPT 课件达到了如图 1-22 所示的效果,那么设计者离成为 PPT 课件高手已经不远了。

图 1-22　PPT 课件高手制作的课件效果

第2章
让 PowerPoint 课件清晰表达
——文字

本章主要内容：
- 在PowerPoint课件中使用文字概述
- PowerPoint课件中文字使用的原则
- 美化课件中的文字

2.1 概述

PowerPoint 课件的功能是向学生传递信息，信息的基本表现形式是文字。直观明了的文字是多媒体课件的重要组成部分，简洁而富有感染力的文字是制作一张优秀幻灯片的前提。

在 PowerPoint 课件中，文字是呈现信息的主要载体，无论是课件的标题，还是学习内容的概念、原理或对事物的描述，使用文字都应十分恰当。

图 2-1 占位符

在 PowerPoint 中不能直接在幻灯片上输入文字，而只有在预定的占位符或插入的文本框中才能输入文字。启动 PowerPoint 2010，创建一个新文档，此时在幻灯片中将出现带有虚线边框的方框，方框中有文字说明该方框的作用，这就是占位符。在占位符中单击，即可在其中输入文字，如图 2-1 所示。

在"插入"选项卡的"文本"组中单击"文本框"按钮上的下三角按钮，在打开的菜单中选择"横排文本框"命令，如图 2-2 所示。在幻灯片中单击即可插入一个文本框，此时即可在文本框中输入需要的文字。如果想精确控制文本框的宽度，可以在选择"横排文本框"命令后拖曳鼠标绘制一个文本框，然后在该文本框中输入文字，如图 2-3 所示。

图 2-2 选择"横排文本框"命令

图 2-3 创建文本框

创建好的文本框上有一些控制手柄，拖动手柄可以改变文本框的宽度和高度，拖动绿色的手柄可以调整文本框的方向。

2.2 PowerPoint 课件中文字使用的原则

在 PowerPoint 中创建文字是很容易的，但是要想使文字能够清晰明了地表达教学的内容，视觉上有舒适的效果，并能突出重点，还需要对幻灯片中的文字进行精心编排。

教学视频

2.2.1 疏密有间

现在非常流行一个说法：在幻灯片中只用简单词，而不用完整句。有些甚至干脆量化为 5×5 规则，即每页幻灯片不多于 5 行字，每行不多于 5 个关键词；或者 3-7 规则，即每页幻灯片不多于 7 行，每行不多于 3 个关键词。这种观点的论据是，字数越少，视觉冲击力越强。

以上说法并不能完全照搬到 PPT 教学课件的制作上，因为教学内容毕竟有一定的科学性，有些内容不是几个简单关键词就能说明白的。但是，在以文字为主的幻灯片中，确实要避免文字铺满整个屏幕。因为过多的文字阅读不但容易使人疲劳，而且会干扰学生的认知，所以，应该科学地精简内容，精心排版，做到文字内容疏密有间。

如图 2-4 所示，这张幻灯片上的文字密密麻麻，主次不分，而且项目列表也使用不当（使用默认项目列表版式的幻灯片都会在回车时自动添加列表符号）。对这张幻灯片上的文字提炼浓缩，然后重新排版（适当缩小文字字号，增加段落行距，使段落两端对齐，并加入图片等），如图 2-5 所示，呈现效果可以得到明显改善。

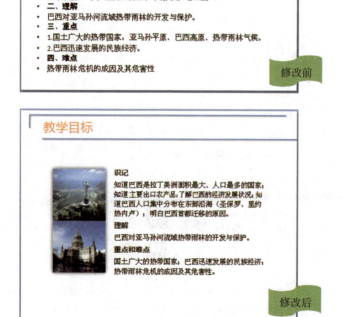

图 2-4　使文字疏密有间

要做到文字排版疏密有间，可以使用以下方法。
(1) 使用合适的字体和字号，增加行距及段落间距。
(2) 精减内容，提炼文字。如果内容确实多，可以分布在多张幻灯片上。
(3) 使用自定义动画效果，让文字分别呈现。有关添加自定义动画的方法，请参看第 7 章。

2.2.2　重点突出

一般来说，每张 PPT 只能有 1 到 2 个主角（重点信息）。对于以文字为主的幻灯片来说，可以通过强化文字来突出重点。改变文字的字号、字体、颜色以及对文字进行装饰（例如加粗、加下画线、反白处理)等操作,可以加强文字之间的对比,是强化文字非常有效的方法。

如图 2-5 所示,幻灯片中的文字全部采用宋体,缺乏对比,没有突出重点。

教学视频

图 2-5 修改前的幻灯片

下面对这张幻灯片进行修改。对标题文字添加"快速样式",如图 2-6 所示,增大重点内容的文字大小,并加粗处理,效果如图 2-7 所示。

图 2-6 添加"快速样式"

图 2-7 修改后的幻灯片

专家点拨 运动(如闪烁)、新奇性(如颜色变化、文字特效等)的内容很容易吸引学生的注意力,但是这些方法不能滥用,防止干扰学习内容,分散学生的注意力。

用色块突出重点内容也是 PPT 课件设计的一个重要技巧。对文字添加"快速样式"(见图 2-6)是给文字添加色块的重要方法。除此之外,还可以在文字下方添加与文字色彩对比强烈的自绘图形起到类似的作用。

如图 2-8 所示,这张幻灯片是关于"园林树木学"的课件,在排版时,除了利用文字的大小、字体、颜色和装饰效果形成内容的对比外,还为文字段落添加了边框(利用自绘图形工具实现,不是文本框的边框)和矩形色块,可以起到强化的作用。而且恰当的边框和文字色块,还具有一定的美化和装饰效果。

图 2-8　给文字添加边框和色块

进一步改造这张幻灯片,绘制一些椭圆形状衬托在文字下面,形成强烈的色块对比,效果如图 2-9 所示。

图 2-9　增加椭圆色块

2.2.3 方便阅读

文字是PPT课件中最重要的元素,文字排版要清晰,避免混乱,这样才能有效地传递信息,方便学习者阅读。如图2-10所示,这是一个PPT课件中的两张幻灯片,给人的感觉比较凌乱。除了文字不够精练、版面比较满以外,这两张幻灯片还使用了不同的字体、不同的颜色、不同的修饰等,让人感觉版面不统一,比较乱。

教学视频

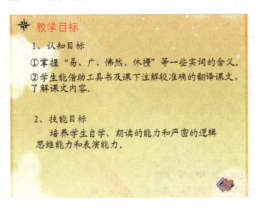 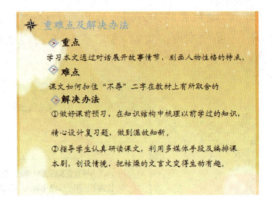

图2-10 修改前版面比较乱

要避免文字排版混乱,可以使用以下一些方法。

(1)标题文字要和内容文字有差异。标题的作用是让学习者领略"概貌",内容的作用是让学习者了解"细节",功能不同,排版时的处理方式也应有所不同。标题文字和内容文字可以从字体、大小、颜色等各个方面有所差异。

(2)同类文字要通篇保持一致。从第一张幻灯片到最后一张幻灯片,同类的文字(同一级标题、内容文字、强调文字等)要从字体、大小、颜色等各个方面保持相对的统一。

(3)文字要排列有序。要使用统一的行间距,并且对齐文字;还可以给段落添加序号,使文字看起来更有条理。

按照上面的方法,将如图2-10所示的两张幻灯片上的文字重新排版,版面效果清晰了很多,如图2-11所示。

 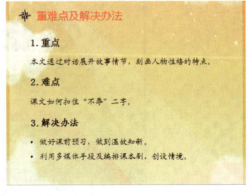

图2-11 修改后版面清晰

文字颜色和背景颜色使用不当也是造成文字混乱、难以阅读的一个重要因素。如图 2-12 所示,幻灯片的背景图片和课件内容相关,但是标题文字和列表文字都很难辨认,影响阅读。

造成这种情况的主要原因是文字颜色使用不当。清晰的背景图案本身对文字内容的显示就有影响,如果文字颜色再和背景图片的颜色接近,就更难以辨认。要避免这类问题的出现,可以使用以下一些方法。

(1) 更改文字的颜色。文字尽量使用和背景图片对比强烈的颜色,如图 2-13 所示。

图 2-12　修改前文字难以辨认

图 2-13　更改文字的颜色

(2) 更换背景或者将背景图片虚化处理。如果文字是幻灯片的主角,就要虚化背景,不能让背景给学习者的阅读带来干扰。选中背景图片,在"图片工具-格式"选项卡下单击"调整"组中的"艺术效果"按钮,在弹出的下拉列表中选择"虚化",如图 2-14 所示。虚化背景图片后的幻灯片效果如图 2-15 所示。

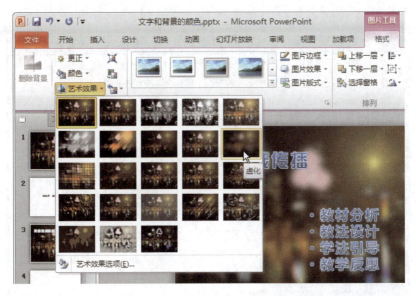
图 2-14　选择"虚化"命令

(3) 为了避免文字颜色和背景颜色接近,还可以在文字下方添加纯色填充的自绘图形,或者直接设置文字的"快速样式"给文字添加色块。

图 2-15　虚化后的效果

2.3　美化课件中的文字

文字作为 PowerPoint 课件中最重要的元素，适当进行美化是十分必要的。字体、文字格式、排版原则、特殊文字以及文字特效等都是美化 PPT 课件文字的重要环节。

2.3.1　字体和文字格式

1. 使用第三方字体

字体是影响文字效果的第一要素。一般情况下，Windows 系统自带的中文字体包括宋体、楷体、黑体、隶书、仿宋及幼圆等。目前，网络上的第三方字体（比如方正字库、汉仪字库、文鼎字库等）越来越多，它们都具有独特的个性，而且有些字体十分漂亮。如果想在 PPT 课件中使用第三方字体，可以从网络上下载需要的字体（一般为 TTF 或 OTF 文件），然后复制到"控制面板"的"字体"文件夹中即可，如图 2-16 所示。

教学视频

图 2-16　"控制面板"的"字体"文件夹

专家点拨 为了保证制作的 PPT 课件可以在其他计算机上正常显示和播放,应尽量使用一些常见的字体。如果使用第三方字体,请参看第 10 章的课件打包技术,将字体嵌入 PPT 课件。

2. 衬线字体和非衬线字体

衬线字体和非衬线字体是欧美人提出的概念,实际上这个也适用于汉字。衬线字体是指有些偏艺术设计的字体,在每笔的起点和终点总会有很多修饰效果。衬线字体一般会很漂亮,但因为装饰过多,文字稍小就不容易辨认。所以,只适合用来做标题,采用大字号。非衬线字体是指粗细相等、没有修饰的字体,笔画简洁,不太漂亮,但很有冲击力,容易辨认,所以很适合用来做 PPT 的正文,如图 2-17 所示。

图 2-17 衬线字体和非衬线字体

微软雅黑、黑体、幼圆等字体兼具衬线字体的饱满和非衬线字体的醒目,用来做 PPT 比较合适,一般来说,主要用做正文字体。魏碑、行楷、舒体、隶书等字体比较漂亮,笔画粗细变化不大,适用于做标题。宋体、仿宋、楷体等字体的笔画粗细变化比较大,在投影屏幕上展示 PPT 时笔画细的地方有时显示不清楚,因此建议慎用这些字体。

3. 避免字体混乱

PPT 课件制作中,文字占据了较大的比例,选择一款好的字体是很重要的。而一味想在字体上寻找并突出变化,却很容易犯错误,降低 PPT 的规范性。

经常遇到这样的情况,一张幻灯片中使用了 3 种或者 3 种以上的字体,这样即便是拥有较为美观的模板或图示来辅助,也会影响到整个 PPT 课件的专业程度,如图 2-18 所示。

教学视频

在这张幻灯片中,模板和图示都很漂亮,但是字体的应用太混乱,因此整体看起来不太专业,具体问题如下。

(1) 为了区分主副关系,标题用了两种字体(微软雅黑和隶书)。其实之前已经做了文字大小上的区分,观者已经能很明确地理解其中的主次关系,所以此处的两种字体设计显得画蛇添足。

(2) 为了与内容区分,小标题换了一种字体。这种思路是对的,但是隶书字体较扁,即便是同一字号,与内容部分在大小上也很难区分。因此,主次关系依旧不明确。另外,隶书

图 2-18　字体混乱的幻灯片

与宋体、黑体的区别较大,在页面整体上容易给人以突兀感,所以要慎重使用。

(3)图示部分的文字是整个幻灯片的次级内容,这里使用了宋体以期有所变化,但是字体大小超过了标题文字,有点喧宾夺主。

(4)在图示中,为了突出"4 游戏设计师"这个内容,隶书字体又一次出现。这时隶书字体分别在 3 个不同的位置出现,也许是为了起强调作用,但它带给观者更多的是困扰,并没有起到好的效果。

对这张幻灯片进行改造,统一使用一种字体(微软雅黑),设置合适的文字大小和颜色,从而明确文字内容的层级结构,效果如图 2-19 所示。

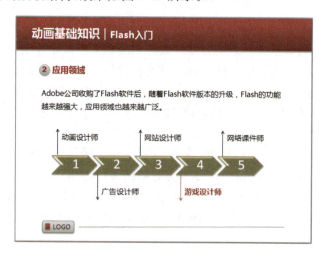

图 2-19　改造后的幻灯片

专家点拨　字体应用得多并不意味着一定好。在 PPT 课件中大量使用丰富且充满变化的字体,会给人不确定性和文字间的硬性拼接感,最终会导致页面框架松散,层级划分不明确,从而显得页面不够精良,缺乏专业气质。

4. 设置文字的格式

使用 PowerPoint，用户能够很方便地改变幻灯片中文字的字体、字号和颜色，同时为文字添加诸如加黑、阴影和下划线等特殊效果。在"开始"选项卡的"字体"组中，用户应用命令按钮和设置框即能够实现大部分文字格式的设置工作，如图 2-20 所示。

教学视频

图 2-20 "字体"组

单击"字体"组右下角的斜箭头按钮，打开"字体"对话框，在其中可以对文本格式进行更为细致的设置，如图 2-21 所示。

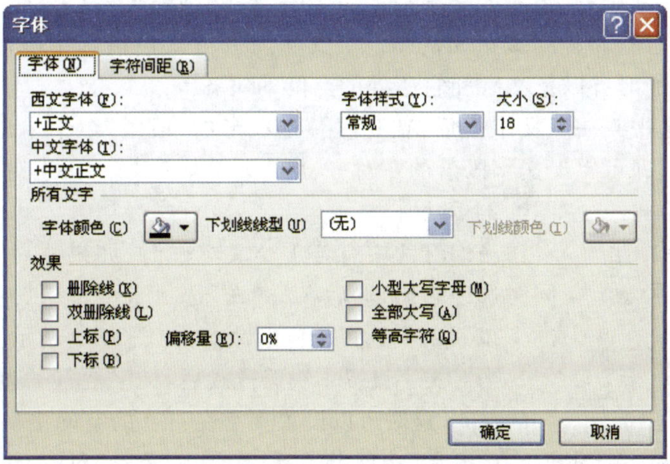

图 2-21 "字体"对话框

2.3.2 文字排版

文字排版一般有 6 个设计原则，分别为对齐、聚拢、降噪、对比、留白和重复。前面已经对一些原则进行了阐述和应用，下面介绍在 PowerPoint 中排版的具体技术手段。

1. 改变文字之间的距离

疏密有间是文字排版的重要原则，通过改变文字之间的距离，可以更加清晰地表达 PPT 课件的内容。文字之间的距离包括字间距和行间距。

在"开始"选项卡的"字体"组中单击"字符间距"按钮，在弹出的下拉菜单中可以选择相应的命令来调整字间距，如图 2-22 所示。

在"开始"选项卡的"段落"组中单击"行距"按钮，在弹出的下拉菜单中可以选择相应的命令来调整行间距，如图 2-23 所示。

教学视频

教学视频

图 2-22　调整字间距

图 2-23　调整行间距

专家点拨　还可以通过输入空格增加字间距，以及通过按 Enter 键插入空行的方法增加行间距。

2. 文字对齐

在进行文字排版时，相关内容必须对齐，次级标题必须缩进，以方便读者视线快速移动，一眼就能看到最重要的信息。文字对齐方式包括文字段落的对齐、文本框之间的对齐以及文字和它所处的空间的对齐等。

在幻灯片中选中某一个文本框后，在"开始"选项卡的"段落"组中单击相应的对齐方式按钮即可实现文字段落的左对齐、居中对齐、右对齐、两端对齐和分散对齐，如图 2-24 所示。

教学视频

图 2-24　段落对齐方式

当幻灯片中有若干个文本框时，如果要对齐这些文本框，可同时选中它们，然后在"格式"选项卡中单击"对齐"按钮，在弹出的下拉菜单中选择相应的命令，如图 2-25 所示。

当对文字设置了快速样式后，文字就有了边框，也等于有了自己的空间，这时可以设置文字在自己的空间中的对齐方式，包括顶端对齐、中部对齐和底端对齐。在"开始"选项卡的"段落"组中单击"对齐文本"按钮，在弹出的下拉菜单中选择相应的命令即可，如图 2-26 所示。

图 2-25　对齐多个文本框

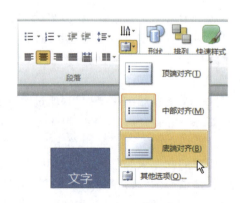

图 2-26　文字在自己空间的对齐

专家点拨 在插入的自选图形中输入文字后,也可以通过如图 2-24 所示的方式设置文字在自选图形中的对齐方式。

3. 文字组块

文字组块其实就是聚拢原则,将文字内容分成几个区域,相关内容都聚在一个区域中。使用组块方式组织排版内容可以提高阅读效率。

文字组块的最简单的方法就是将相关内容创建在一个单独的文本框中,然后在"开始"选项卡的"绘图"组中单击"快速样式"按钮,再在弹出的下拉列表中选择需要的样式,如图 2-27 所示。

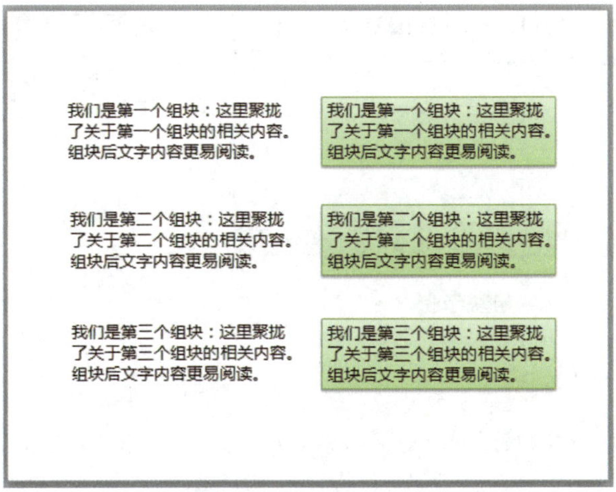

教学视频

图 2-27　文字组块示例 1

另外,设计者还可以通过添加分割线进行文字的组块和分割。如图 2-28 和图 2-29 所示即是一些常见的效果。

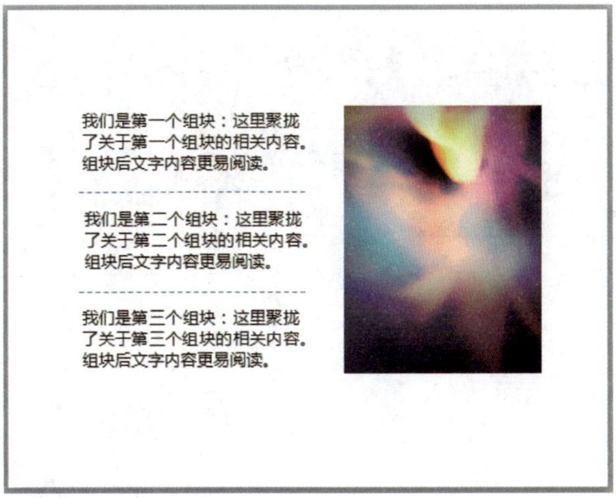

图 2-28　文字组块示例 2

4. 文字分栏

在进行 PPT 文字排版时,也可以像在 Word 中一样采用分栏的方式对文字进行排列。在"开始"选项卡的"段落"组中单击"分栏"按钮,在弹出的下拉菜单中选择相应的命令即可,如图 2-30 所示。

教学视频

图 2-29　文字组块示例 3

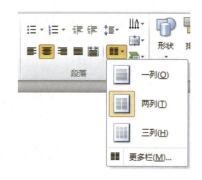

图 2-30　文字分栏

2.3.3　文字特效

在 PowerPoint 中可以制作一些文字特效,比如艺术字、倒影文字、3D 立体文字、双色文字等。这些文字特效常应用于标题文字,可以美化标题效果。

1. 艺术字

在"插入"选项卡的"文本"组中单击"艺术字"按钮,在打开的下拉列表中选择需要使用的艺术字样式,如图 2-31 所示。此时在幻灯片中插入一个艺术字文本框,在其中输入需要的文字即可。

教学视频

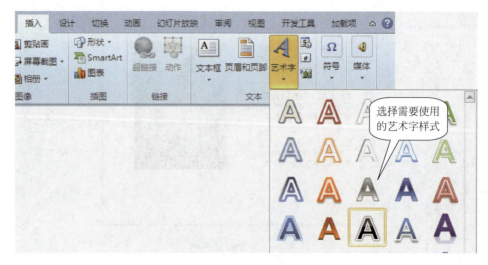

图 2-31　插入艺术字

如果需要进一步设置艺术字的样式,可以选中幻灯片上的艺术字后在"绘图工具-格式"选项卡的"艺术字样式"组中单击相应的按钮。例如要更改艺术字的变形效果,可以按照图 2-32 所示进行操作。

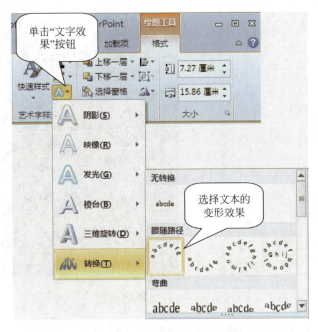

图 2-32 更改艺术字的变形效果

> **专家点拨** 艺术字的特效与普通文字效果差别比较大,使用时容易造成文字效果不统一,因此在正文中要慎用艺术字。

2. 倒影文字

在 PowerPoint 中,利用阴影和映像功能可以制作倒影文字特效。在幻灯片中插入文字后,有两种方法可以给文字添加阴影和映像效果。第一种方法是,在"绘图工具-格式"选项卡下单击"形状样式"组中的"形状效果"按钮,在弹出的下拉列表中进行相应的操作;第二种方法是,单击"艺术字样式"组中的"文本效果"按钮,在弹出的下拉列表中单击相应的效果按钮,如图 2-33 所示。

教学视频

3. 3D 立体文字

在 PowerPoint 中制作 3D 立体文字,需要先创建艺术字,然后选中艺术字,在"绘图工具-格式"选项卡的"艺术字样式"组中单击右下角的"设置文本效果格式"按钮,弹出"设置文本效果格式"对话框,先在"三维格式"选项界面中设置"深度"参数给文字增加厚度,如图 2-34 所示。

接着在"三维旋转"选项界面中设置预设的透视旋转效果,如图 2-35 所示。完成以后的 3D 立体文字特效如图 2-36 所示。

教学视频

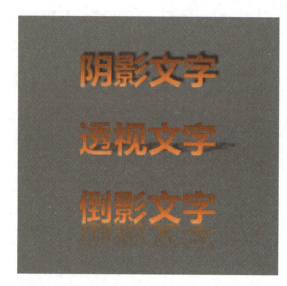

图 2-33　制作倒影文字

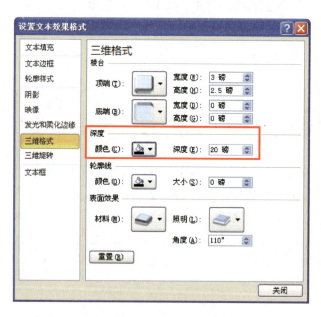

图 2-34　设置深度

4. 双色文字

在 PowerPoint 中制作双色文字的一种方法是，创建艺术字后将文字颜色填充为渐变色，如图 2-37 所示。

教学视频

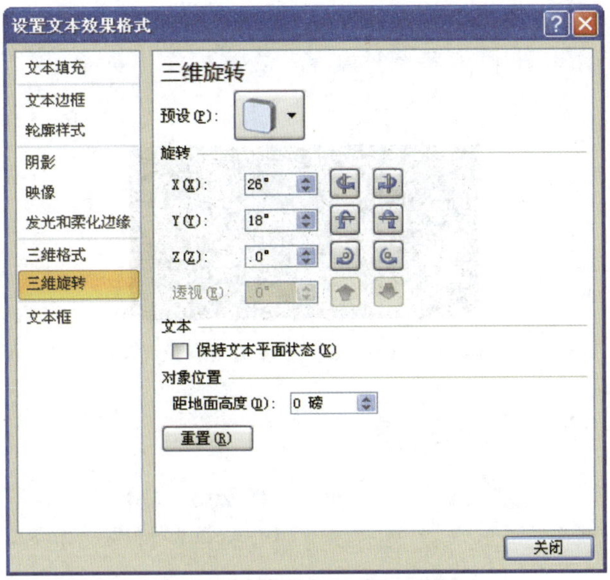

图 2-35 设置透视旋转效果

图 2-36 3D 立体文字特效

图 2-37 利用渐变色制作双色文字

另外还有一种方法,输入文字后,复制一份,并将复制的这份文字更改成另一种颜色,然后将其中的一份文字存为图片,再将图片文字和文本框文字重叠后,把图片文字裁剪即可,如图 2-38 所示。

图 2-38　利用文字重叠制作双色文字

2.3.4　特殊文字的创建

在制作 PPT 课件时,经常需要输入各种特殊的符号,如汉语拼音、英语音标、数学公式、物理公式和化学方程式等,如图 2-39 所示。下面介绍这些特殊文字的创建方法。

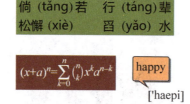

图 2-39　创建特殊文字

1. 汉语拼音

在 PPT 课件中创建汉语拼音的常用方法有两种,第一种是在 Word 中添加汉语拼音后复制到 PowerPoint 中;第二种是在 PowerPoint 中利用"符号"对话框直接插入汉语拼音。

教学视频

第一种方法:启动 Word,在空白文档中输入中文文字,然后将它们全部选中;在"开始"选项卡的"字体"组中单击"拼音指南"按钮 ,弹出"拼音指南"对话框,如图 2-40 所示。在"拼音文字"列表中选中某一个拼音,将其复制粘贴到 PowerPoint 中。

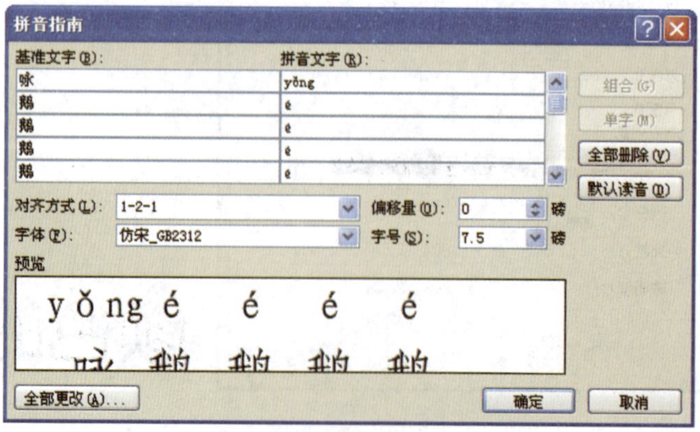

图 2-40　"拼音指南"对话框

专家点拨 在给大篇幅的段落文字自动添加拼音时，分段落选中中文文字，然后在"拼音指南"对话框中单击"组合"按钮；如果想分开显示，单击"单字"按钮即可。

第二种方法：在 PowerPoint 中插入一个文本框，输入需要注音但不带声调的字母，将插入点光标放置到需要输入带音调字母的位置，在"插入"选项卡的"符号"组中单击"符号"按钮打开"符号"对话框，在"字体"下拉列表中选择"（普通文本）"选项，再在"子集"下拉列表中选择"拉丁语扩充-A"选项，然后在列表框中选择需要的字符后单击"插入"按钮，如图 2-41 所示。

图 2-41 "符号"对话框

2. 英语音标

在制作英语等语言类 PPT 课件时，少不了要输入音标。在 PPT 课件中插入音标，一般还是采用在 PowerPoint 中直接插入符号的方法。要能够正常插入音标，系统必须拥有包含音标字符的字体。带有英语音标的字体很多，很多字处理软件都带有这样的字体。如金山软件（如 WPS 和金山词霸）所带的 Kingsoft Phonetic Plain 就是这样一个常用的字体，安装金山词霸后，可以在安装目录下的"Fonts"文件夹中找到名为"Ksphonet.TTF"的字体文件，将该文件复制到 Windows 系统的"Fonts"文件夹中，然后在"符号"对话框的"字体"下拉列表中找到该字体，即可使用该字体中的音标了。当然，在更为专业的场合，也可以使用更专业的音标字体（比如 IpaPanNew.ttf 字体），用户可以自行到网上查询下载。

教学视频

使用上面介绍的方法有一个缺点，那就是当 PPT 课件在其他没有安装该字体的计算机上使用时，音标将不能显示出来，会产生空格，有时也会呈现乱码。实际上，Windows 自带了 Lucida Sans Unicode 和 Arial Unicode MS 两种字体，它们包含了 1993 年的《国际音标表》中的所有音标和附加符号，如图 2-42 所示。由于这两种音标使用的是 Unicode 编码，因此不会出现上面出现的乱码问题。但对普通用户来说使用这样的字体来输入音标也有不足，那就是由于字体中字符较多，不太容易查找到需要的音标。

图 2-42　Arial Unicode MS 字体中的音标

3. 各种公式

公式是理科课件中常见的内容,如果使用 PowerPoint 2010 以前的软件版本,在 PPT 课件中使用公式一般使用插入对象(Microsoft 公式 3.0)或使用绘图工具绘制公式的方法。这两种方法都存在着操作复杂且获得的公式对象的样式不容易设置等缺点。

教学视频

PowerPoint 2010 的公式功能得以增强,课件设计者可以直接利用功能区中的命令来创建公式,并且创建的公式以文本对象的形式存在,用户可以像操作文本框那样对其进行设置,如改变公式文字大小、颜色以及为公式添加样式效果来美化公式等。

在"插入"选项卡的"符号"组中单击"公式"按钮,将在功能区中打开"公式工具-设计"选项卡,并且幻灯片中将插入一个公式文本框,如图 2-43 所示。

图 2-43　"公式工具-设计"选项卡

这样,用户可以直接像编辑普通文本那样输入公式,并且对公式的样式进行设置。这不仅为使创建复杂公式更为容易,也使课件设计者能够创建更符合课件整体风格的公式,使课件获得更好的效果。

第3章
让 PowerPoint 课件更形象
——图形和图示

本章主要内容：
- 在PPT课件中使用图形和图示概述
- 插入和编辑形状
- 形状属性
- 图形设计技巧
- 图形在PPT课件中的应用案例

3.1 概述

在教学过程中,难免遇到一些概念难以用文字解释,这时教师可以用图形和图示的方法辅助讲解。形象生动的图示,或者巧妙的配图,都能让课件生动形象地把概念解释清楚。学生通过视觉、听觉接收内容,更好地理解和掌握教学内容。

教学视频

而 PowerPoint 在图形编辑和图片处理功能方面,正好为课件设计者提供了极大的便利。PowerPoint 除了拥有幻灯片设计功能,其实在图形编辑功能方面也毫不逊色。它在自绘图形编辑方式上,与 CoreDraw、Photoshop 等设计软件极其相似。课件制作者只需 PowerPoint,就能制作出媲美专业设计软件制作的作品。

PowerPoint 中提供了线条、矩形、基本形状、箭头、公式形状、流程图、星与旗帜、标注和动作按钮 9 大类,共计 175 种自绘图形,如图 3-1 所示。在 PowerPoint 中绘制的图形可以理解为由形状填充和形状轮廓组成,填充可以是任意颜色、纹理或图片,轮廓的线条设置也非常灵活,利用图形的组合和叠加,可以做出许多教学中合用的图形,如几何图形、物理化学实验示意图、物体示意图等。

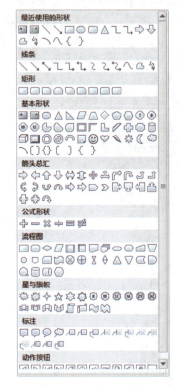

图 3-1　PowerPoint 中的自绘图形

专家点拨　因为 PowerPoint 软件中提供的命令是"插入形状",所以本章使用的术语"图形"和"形状"属于同一类型对象。

要在 PowerPoint 中插入自绘图形,可以单击"插入"选项卡中的"形状"下三角按钮,或者在"开始"选项卡的"绘画"组中单击"自绘图形"选项框右下角的下拉按钮,弹出自绘图形列表,如图 3-2 所示,然后在列表中选择需要插入的形状,再在幻灯片的目标位置通过拖曳的方式插入指定大小的形状。对于已经插入的形状,可以通过直接拖动形状移动位置,拖动外围矩形的手柄能调节形状的宽度和高度,拖动顶部绿色手柄可调节旋转角度。部分形状

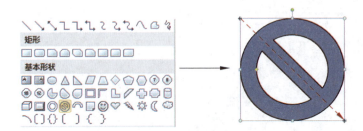

图 3-2　插入形状的一般方法

还会有黄色菱形手柄,用于调节形状细节部分。

设计者容易发现形状列表中包括横向文本框和垂直文本框。其实文本框可以理解为填充颜色为无色、边框为无色的矩形,在矩形上输入的文本内容,就是我们看到的文字。

3.2 插入和编辑形状

按照理解,形状可以分为文本框、线条、形状三大类。在第 2 章已经讲解了文本框的操作,本章不再赘述。下面重点介绍线条和形状的插入和编辑操作。

3.2.1 插入形状

1. 插入线条

在自绘图形列表中,共有 12 种线条种类。如图 3-3 所示,从左到右依次为直线、单箭头直线、双箭头直线、折线连接符、单箭头折线连接符、双箭头折线连接符、曲线连接符、单箭头曲线连接符、双箭头曲线连接符、曲线、自定义多边形和自由曲线。课件中常用的是直线、曲线和自定义多边形。

教学视频

插入直线的方法:单击直线按钮,鼠标指针变成十字形,按着鼠标左键拖动即可拉出直线线条,释放左键时鼠标停留的位置即为直线的结束端点。若按住 Shift 键连续操作,绘制的直线方向将会以 45°的倍数变化,即水平、垂直、45°倾斜。

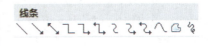
图 3-3 线条的种类

插入曲线的方法:单击曲线按钮,鼠标指针变成十字星,在幻灯片上单击,将第一个"锚",也是曲线的起点定位到十字星所在的位置,然后移动鼠标拉出一条直线,在另一个地方单击,确定第二个"锚"。此时如果再移动十字星,原来的直线就变成弧线,而整条线段也变成一条曲线,如图 3-4 所示。操作者能通过定位更多的锚,得到符合要求的曲线。在操作过程中,按 Backspace 键能删掉上一个定位的"锚"。在确定曲线符合要求后,双击鼠标、按 Enter 键或者按 Esc 键均可确认曲线绘制。若曲线的首"锚"和末"锚"在同一个点,则所绘制的曲线自动闭合成一个封闭的形状。

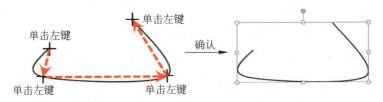
图 3-4 曲线的绘制方法

插入自定义多边形的方法:与插入曲线的方法相似,只是不产生曲线的效果。如果按住左键拖动,则会有自由曲线的效果,如图 3-5 所示,右边图中的黑色小方块就是图形编辑过程中产生的"顶点"。按住左键拖动,实质是使软件以很短的时间间隔在页面放置顶点。

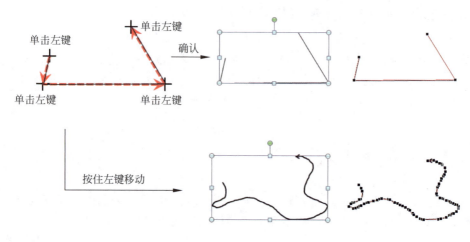

图 3-5　绘制自定义形状

2. 插入形状

PowerPoint 中提供了大量预设形状,操作也十分简便。下面以圆角矩形为例介绍插入形状的操作方法。

如图 3-6 所示,单击圆角矩形按钮后,光标变成十字形,按住鼠标左键拖动,释放左键结束拖动,起点和终点的连线即为圆角矩形的对角线,决定了矩形的位置和大小。若同时按住 Shift 键进行操作,绘制的形状会保持宽度和高度相等,比如椭圆形会变成圆形,矩形会变成正方形,多边形会变成正多边形。

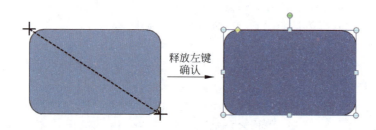

图 3-6　绘制圆角矩形

3.2.2　编辑形状

1. 编辑大小

编辑形状的大小是课件制作中最频繁的图形操作,这里介绍的操作技巧也适用于第 4 章将介绍的图像操作。如图 3-7 所示,拖动图中 8 个手柄之一,就能直接修改形状的大小。其中,拖动红色圈注的 4 个手柄只能单独调整图形的宽度或者高度的大小,拖动绿色圈注的 4 个顶点手柄,可以同时调整形状的宽度和高度大小。

在拖动绿色圈注顶点手柄时,若按住 Shift 键操作,则形状将按照原始长宽比例进行缩放;若按住 Ctrl 键拖动手柄,则形状将以对称的方式进行缩放。如图 3-8 所示,当按住 Ctrl 键拖动右边的手柄时,左边的手柄同时向中间靠拢,读者可以理解成,与控制手柄相关的轴线依红色中点中心对称变化。

教学视频

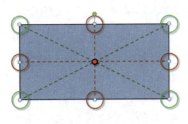
图 3-7　形状大小编辑

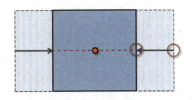
图 3-8　对称缩放

此外,还能通过设置"大小和位置"数值精确调整形状大小,选中并右击需要修改的形状,在弹出快捷菜单中选择"大小和位置"命令,在弹出的"设置形状格式"对话框中修改"高度"和"宽度"数值即可,如图 3-9 所示。若勾选"锁定纵横比"复选框,则只需修改"高度"或"宽度"中的任意一个数值即可按照原始长宽比例进行缩放。

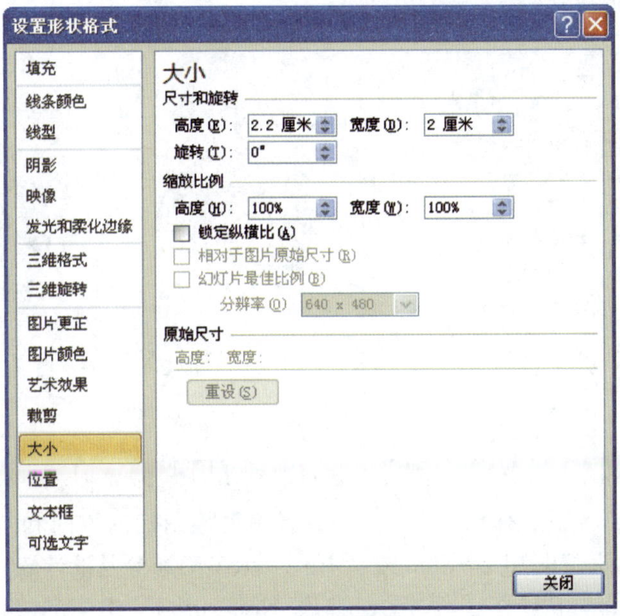

图 3-9　设置大小

2. 旋转和翻转

选中图形后,除了 8 个可以用于调整大小的手柄外,还能看到一个绿色圆点的手柄,如图 3-10 所示,移动光标到手柄,变成旋转符号,拖动鼠标就能任意角度旋转图形。若操作过程中同时按住 Shift 键不放,图形将会以 15°的倍数旋转。另外,"设置形状格式"对话框中也有旋转设置功能,能设置精确的旋转数值,最小精度是 1°,默认旋转方向是顺时针。

关于形状的翻转,PowerPoint 有专门的旋转功能选项。选中形状后,出现"绘图工具-格式"选项卡,单击"排列"组中"旋转"按钮,弹出下拉菜单,可选择

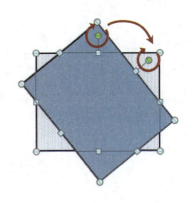
图 3-10　旋转图形

"垂直翻转"和"水平翻转",或者"向右旋转 90°"和"向左旋转 90°"等旋转功能命令,如图 3-11 所示。

3. 形状微调

部分形状插入后会出现一个或多个黄色菱形,移动黄色菱形能微调形状的某些细节,比如修改圆弧的起止点,修改箭头的头部大小和尾巴粗细,修改圆角矩形的圆角大小等。许多形状的细节部分都能通过黄色菱形调整。如图 3-12 所示,插入的原始空心弧是一个常见的半圆弧,通过拖动右边的黄色菱形,能修改空心弧的结束位置和内圆弧的直径大小;拖动左边的黄色菱形,能修改对应的起始位置。

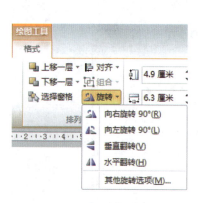

图 3-11 "旋转"菜单

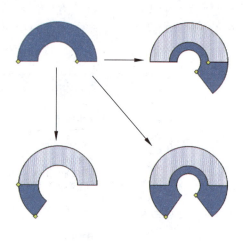

图 3-12 形状微调

4. 顶点编辑

顶点编辑与 Photoshop 和 Illustrated 中的钢笔工具功能相似,只是"顶点"在另外两个软件中被称为"锚点"而已。通过修改顶点位置及附属控制柄的方向和长度,就能在 PPT 中绘制任意矢量形状,效果与 Illustrated 或者 CorelDRAW 等专业设计软件相比也毫不逊色。

如图 3-13 所示,单击"绘图工具-格式"选项卡"插入形状"组中的"编辑形状"按钮,在弹出的下拉菜单中选择"编辑顶点"命令;或者选中形状后,直接右击,在弹出的快捷菜单中选择"编辑顶点"命令。

在 PowerPoint 2007 版本和 2003 版本中,部分常规形状无法进行顶点编辑,"编辑顶点"按钮一直是灰色,课件制作者需要先将形状转换成任意多边形才能进行顶点编辑。 在 2010 版本升级以后,这个问题得到了解决,所有形状都能直接进行顶点编辑。

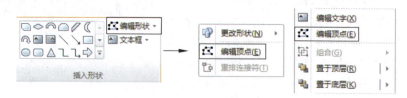

图 3-13 启动顶点编辑功能

如图 3-14 所示,在顶点编辑环境下,鼠标指针移到顶点(黑色的小方块)上变成一个四角箭头,按住鼠标左键进行拖动即可更改顶点位置;单击红色线条并拖动线条,能增添顶点并移动顶点;单击顶点后出现控制柄,修改控制柄的长度和方向,能修改线段的弯曲程度和方向。

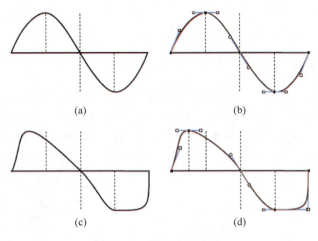

图 3-14 顶点编辑功能

运用 PowerPoint 的顶点编辑功能,就能画出任意形状。如图 3-15 所示,选中并右击顶点,在弹出的快捷菜单中选择相应命令还能修改顶点的类型,"平滑顶点"和"直线点"命令控制的是平滑的曲线,而"角部顶点"命令控制的是带有夹角性质的曲线。

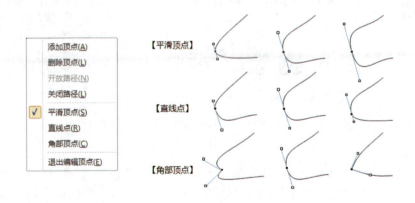

图 3-15 顶点的类型

5. 更改形状

对于一些已经设计好的图形,如果需要保留原有效果,而只更改形状,可以采用"更改形状"功能。选中形状,在"绘图工具-格式"选项卡的"插入形状"组中单击"编辑形状"按钮,在弹出的下拉菜单中选择"更改形状"命令,如图 3-16 所示,在弹出的级联菜单中选择需要的形状即可。"更改形状"功能能免去重新设置效果的步骤,提升课件制作速度。

图 3-16 更改形状

3.3 形状属性

除了"外形",其实"外貌"也十分重要。PowerPoint 为形状提供了填充颜色、边框、阴影、映像、发光和柔化边缘以及三维格式等多种效果。如果说前面的形状编辑是完成简笔画,那么现在的操作实现的就是水彩画和油画,甚至是 3D 建模。

3.3.1 填充

教学视频

PowerPoint 软件默认提供 6 种填充方式,适用于文本框、形状、图像、幻灯片背景、SmartArt 和图表的填充。而对于文本的填充只有 5 种效果,少了"幻灯片背景填充"。通过展开"设置形状格式"对话框中的"填充"选项界面,或在功能区直接单击其他填充按钮,均可对形状进行填充效果设置,如图 3-17 所示。

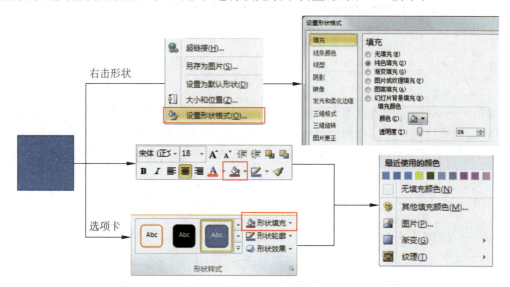

图 3-17 填充设置

1. 无填充

"无填充"表示形状只保留边框,其余部分为空白。在"填充"选项界面中选中"无填充"单选按钮,形状内部将变成无填充样式,展现的效果与透明度 100% 的纯色填充样式一样。但是,如果选中"无填充"单选按钮,鼠标将无法实现单击该图形内部进行选取图形的操作。

2. 纯色填充

在"填充"选项界面中选中"纯色填充"单选按钮,会出现"颜色"下拉按钮和"透明度"控制条。透明度从 0% 到 100%,代表从不透明到完全透明。完全透明虽然看上去是空的,但是鼠标单击形状内部,还是能选中形状。这一点应注意与"无填充"区分。

在对话框中单击"颜色"下拉按钮,弹出颜色选项面板,如图 3-18 所示。在 PowerPoint 中,对于任意对象,关于颜色设置调用的颜色选项面板都是一样的。

3. 渐变填充

渐变填充包含多种渐变控制因素,包括色彩、角度、渐变类型等。通过渐变填充,可以设

图 3-18　纯色填充和颜色选项面板

计出富有层次感、质感的形状。如图 3-19 所示,选中"渐变填充"单选按钮后,将弹出与"渐变填充"相关的设置选项。

(1) 预设颜色。PowerPoint 预设了 24 种渐变颜色,通过单击向下箭头,可选择软件预设的渐变颜色。

(2) 类型、方向、角度。渐变的类型分为线性、射线、矩形和路径,如图 3-20 所示。线性渐变按照线性方向进行渐变,是 4 种类型中唯一能设置角度的渐变类型,渐变的分界线是一条直线。射线渐变以射线方式进行渐变,渐变的分界线是一个圆弧,选择中心辐射,容易制作光圈投射效果。矩形渐变的分界线是一个直角。在矩形里,路径渐变效果跟矩形渐变相同;但是如果在一些不规则的形状里面,容易发现路径渐变以形状为中心,跟随形状渐变。

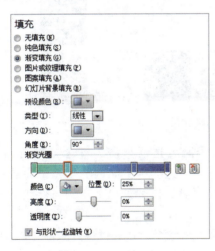

图 3-19　渐变填充设置

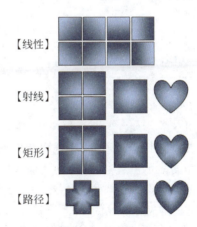

图 3-20　渐变填充类型

(3) 渐变光圈。如图 3-21 所示,渐变光圈用于管理渐变中使用的颜色属性,控制条中的每个滑块代表一种颜色,包括颜色、透明度和结束位置信息。通过单击控制条右边的"增加"或者"删除"按钮,可以新建或者删除已选的光圈。PowerPoint 2010 版本中,最多能设置 10 个光圈。

渐变光圈滑块的位置控制着颜色的结束位置。例如图 3-22 所示,对于从左到右的"线性"渐变填充,两种颜色之间的渐变分界线处于两个颜色所属滑块的正中位置。

4. 图片或纹理填充

图片或纹理填充,顾名思义就是选用图片或者系统预设的纹理进行填充。如图 3-23 所示,选中"图片或纹理填充"单选按钮后,软件默认选择紫莎草纸纹理填充。软件共提供了24种预设纹理,通过图片填充还能引入更多的纹理效果。

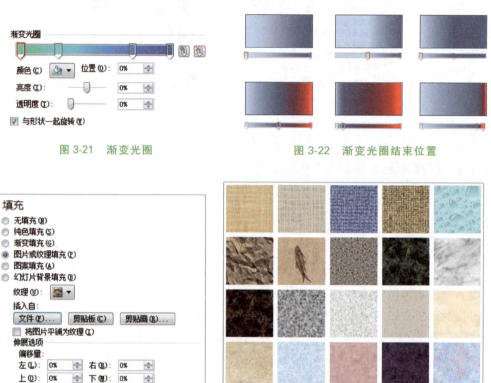

图 3-21　渐变光圈　　　　　图 3-22　渐变光圈结束位置

图 3-23　图片或纹理填充对话框

如图 3-24 所示,当没有勾选"将图片平铺为纹理"复选框时,软件直接将填充图片压缩或者伸展,使图片与形状的长宽比相匹配,"伸展选项"选项组中能调节填充图片的偏移量,调节图片的显示位置,与图片的裁剪功能相似;如果填充图片的尺寸比例与形状不太一致,直接填充会造成图片严重变形,影响美观性,此时勾选"将图片平铺为纹理"复选框,可以让图片保留真实的尺寸和比例,并且以重复拼接的方式填满整个形状。拼接方式除了默认的复制方式,还能选择垂直和水平的镜像方式。同时,图片大小和位置依然能通过偏移或缩放调整。

选中"图片或纹理填充"单选按钮后,还能实现图片半透明效果设置,具体操作请参考第4章。

5. 图案填充

如图 3-25 所示,图案填充与纹理填充效果相似,可以使用内置的图案进行平铺填充。但图案填充能修改前景色和背景色,有助于设计符合课件风格的填充效果。

6. 幻灯片背景填充

幻灯片背景填充是一种比较奇特的填充方式,被填充的形状无论在什么位置,直接显示最底层背景的图像,而且不是填充整个背景的图像,只是截取层叠部分进行填充,效果就像

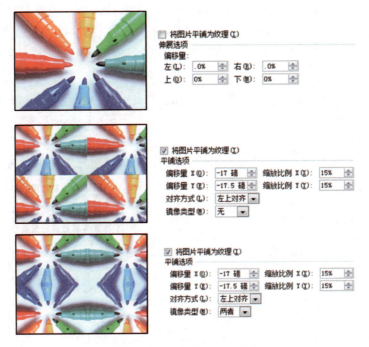

图 3-24 填充图片平铺模式

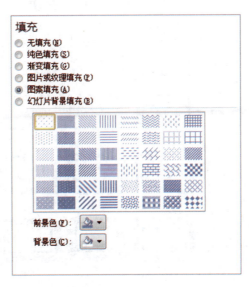

图 3-25 图案填充

针对背景的透视镜一样。在编辑过程中,移动形状,填充效果也会跟着改变。但值得注意的是,在播放情况下,形状的填充效果不会变化。

3.3.2 边框

如果将形状填充比喻成"血肉",那么形状的边框就是"骨架"。设计得当的边框除了能美化形状外,还能起到突出的作用。PowerPoint 中对所有线条的设置,统一使用线型设置界面和"形状轮廓"菜单,如图3-26所示。涉及线型的设置,除了常规的颜色、宽度(也叫粗细)、复合类型和短划线类型,还能通过设置线端类型选择线段的端点样式,以及设置联接类型设定形状角位的联接样式,等等,效果如图3-27所示。

> **专家点拨** 选项面板中的"箭头设置"选项组,只针对开放路径图形,封闭路径图形是不可用的。

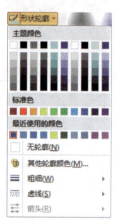

图3-26 线型设置界面和"形状轮廓"菜单

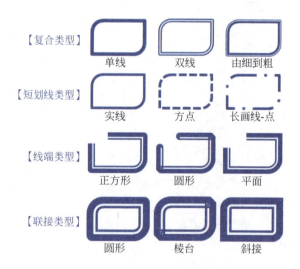

图3-27 线型设置效果

3.3.3 平面效果

设置好形状的基本属性以后,设计者还可以给形状设置效果,提升美感。PowerPoint中预设的平面效果包括阴影、映像、发光和柔化边缘,如图3-28所示。在设置效果时,建议先选择一种与目标效果相近的预设效果,然后再进行细微的设置调整,减少操作步骤。

教学视频

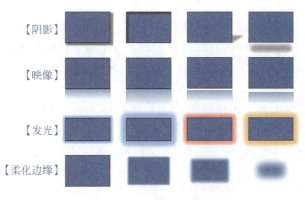

图 3-28　形状平面效果

平面效果的微调最复杂的是阴影,包括颜色、透明度、大小、模糊、角度和距离。其中,模糊、角度和距离分别指阴影的模糊程度、阴影与形状中心偏移的角度和阴影距形状中心的距离。

3.3.4　三维效果

教学视频

在 PowerPoint 2010 中,三维效果设置包括三维格式和三维旋转。三维格式选项卡可用于设置形状的边缘倒角、形状厚度、材料质感和照明效果等属性。三维旋转选项卡可用于调整形状的三维空间位置和角度。三维效果能最大程度地丰富形状的质感,在平面幻灯片上实现三维效果展示。

1. 三维格式

在"三维格式"设置中,图像被分为 3 层进行设置,分别为顶端棱台、深度、底端棱台,如图 3-29 所示。

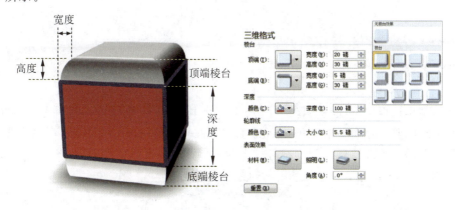

图 3-29　三维格式设置

顶端棱台与底端棱台的设置相同,通过选择棱台样式,分别设置宽度和高度,形成符合要求的倒角效果。而在"绘图工具-格式"选项卡中选择"形状效果"下拉菜单中的"棱台"效果,是专门针对顶端棱台设置的快捷方式。在平常设计中,底端棱台较少使用。

设定深度后,软件会以形状为底面形状、深度为高渲染出标准柱体。效果必须进行三维旋转设置后才能看到。轮廓线的颜色和大小只在中间"深度"这一层产生效果,顶端棱台和底端棱台都不影响。值得注意的是,"深度"选项组中的颜色如果选择"自动",那么侧面的颜色会默认采用形状边框颜色显示。

"表面效果"选项组可以从整体上对图形进行渲染,"材料"选项控制立体图形表面材料的光泽,"照明"选项控制光源的位置。选择"材料"下拉菜单中的"特殊效果-线框"选项,能把所有面变透明,只保留轮廓线,常用于几何课件的制作。

2. 三维旋转

PowerPoint 的三维旋转会以形状中心为轴坐标原点,作三条互相垂直的坐标轴,坐标轴的方向如图 3-30 所示。值得注意的是,软件的 X、Y、Z 轴的名称并非按照标准的空间直角坐标系定义。当 X 值和 Y 值为 0°或者 180°时,"三维旋转"设置界面中的"Z"值产生的效果与形状旋转的效果相同,并且 Z 值能设置精度达到 0.1°的旋转。而"大小"设置界面中的"旋转"精度只能设置到 1°。

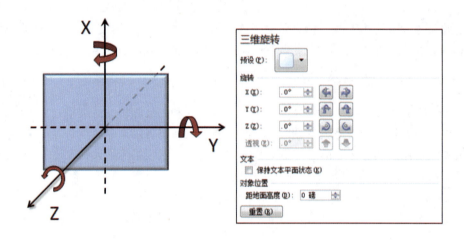

图 3-30 三维旋转设置

3.4 图形设计技巧

在课件制作过程中,可能一页幻灯片内有多个对象,为了整体统一性并使页面美观,课件制作者常常需要对页面上的对象进行排版。掌握软件的一些排版技巧,可大大提升课件制作效率。下面介绍的技巧适用于幻灯片中的图形、图像、文本框等对象。

3.4.1 网格线和参考线

教学视频

在排版中,网格的间距决定了使用键盘控制图形移动的最小距离,同时,在页面上显示网格和参考线,能让课件制作者一眼就看到页面上各种对象的对齐情况,方便排版。如图 3-31 所示,在编辑区空白处右击,在弹出的快捷菜单中选择"网格线和参考线"命令,打开"网格线和参考线"对话框,可以设置网格线和参考线的显示属性。或者直接勾选"视图"选项卡"显示"组中的"网格线"复选

图 3-31 "网格线和参考线"对话框

框和"参考线"复选框进行相关设置。

网格线可以作为调整图像大小和设置图像位置的参考,网格的大小可以调整,最小值是0.1厘米,精度为0.001厘米。当勾选"对象与网格对齐"或者"对象与其他对象对齐"复选框时,各个对象边框的对齐会更容易。在勾选"对象与网格对齐"复选框之后,对象的位置移动将以网格间距作为标准。

为了避免网格影响对象的微调,一般情况下取消勾选"对象与网格对齐"复选框。结合使用 Ctrl 键和↑、↓、←、→键可以对对象进行微调,每次移动 0.04 厘米。如果要求更精确,可以选中并右击对象后,选择"设置形状格式"命令,打开"设置形状格式"对话框进行相关设置,如图 3-32 所示。

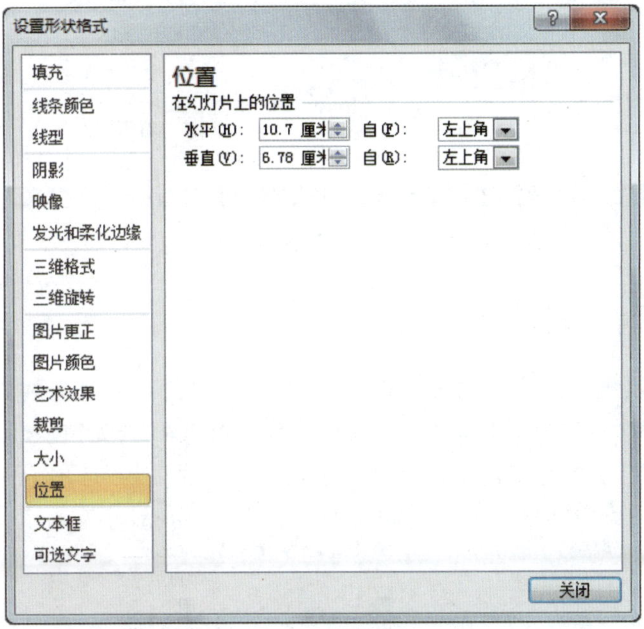

图 3-32　设置微调精度

使用绘图参考线,可以更好地排列多个对象,作用与排版网格类似。如图 3-33 所示,在显示绘图参考线的情况下,拖动对象至参考线附近,对象的边框会自动与参考线对齐。在 PowerPoint 中,绘图参考线分为水平和垂直两种,可以通过拖动改变位置,在拖动过程中会同时显示绝对距离数值。

如果同时按住 Shift 键拖动,则会显示相对距离数值,可以用作长度或距离量具。

如果按住 Ctrl 键拖动参考线,则会生成一条新的参考线。

如果需要删除某条参考线,只需将对应的参考线拖出幻灯片之外即可。

在 PowerPoint 2003 版本中,水平和垂直参考线分别限制只有 9 条,PowerPoint 2007 版本中增加至 19 条,在 PowerPoint 2010 版本中取消了限制。

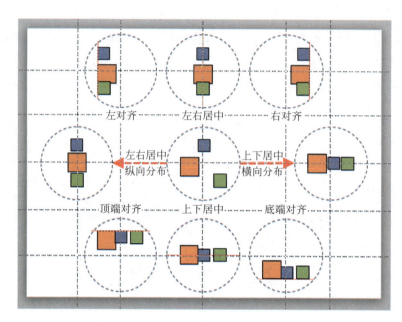

图 3-33 绘图参考线

3.4.2 对齐功能

对齐功能可以实现多个对象的边缘精准对齐,它不仅比手工对齐效果好,而且高效,特别适合大量对象的快速对齐。课件制作者可以在"开始"选项卡"排列"下拉菜单中找到"对齐"功能,或者选中图像后,在"图片工具"选项卡的"工具"下拉菜单找到"对齐"功能。PowerPoint 软件中预设了 8 种对齐方式,效果如图 3-34 所示。

教学视频

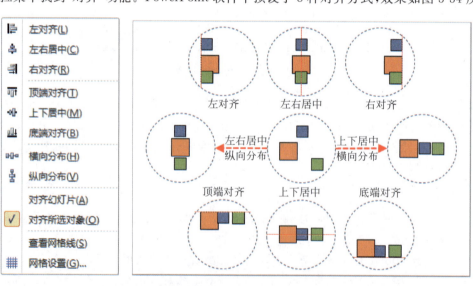

图 3-34 对齐功能

使用对齐功能的时候,应注意勾选"对齐幻灯片"或者"对齐所选对象"选项,因为不同的对齐标准,将导致不一样的对齐效果,如图 3-35 所示。

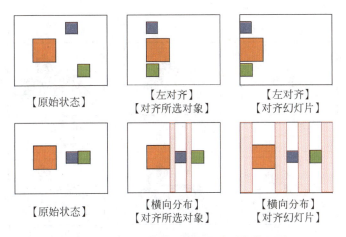

图 3-35 对齐幻灯片和对齐所选对象的区别

3.4.3 组合功能

当页面上对象比较多的时候,无论移动或者编辑都变得困难而且烦琐,容易出现误操作。使用软件提供的"组合"功能,可以把多个对象变成一个整体,再进行统一编辑,有助于提高课件制作效率和准确性。

教学视频

要对多个对象进行组合,如图 3-36 所示,在选中需要组合的对象后,在任意一个图形上右击,在弹出的快捷菜单中选择"组合"命令即可。除此之外,单击"绘图工具-格式"选项卡"排列"组中的"组合"按钮,也可以实现组合功能。

图 3-36 "组合"操作流程

对于组合形成的"形状组",用户可以方便地进行整体移动和编辑。如图 3-37 所示,对组合之后的"形状组"进行大小编辑,形状会按照统一的标准进行扩大,并且原有的相对位置保持不变;对"形状组"进行填充设置时,"形状组"会被当成一个形状进行填充。如果填充后再取消组合,原有的填充效果不被保留,软件将单独对每个形状进行填充。特别需要注意的是,如果对象原本有动画效果,那么组合后动画效果将被删除。

如果需要单独修改"形状组"中某个形状的属性,选中"形状组"后单击其中的目标形状选中"形状组"中的形状,然后按照常规的方法进行位移、编辑大小、修改属性即可。

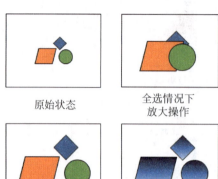

图 3-37　对组合的编辑

3.4.4　形状组合编辑

形状组合编辑是 PowerPoint 2010 的新增功能,包括形状剪除、形状交点、形状联合和形状组合 4 种方式。各种自绘图形通过拼合、分割,能够制作出更多的组合图形,有助于提高矢量图形绘制的效率。

此功能在 PowerPoint 中默认是隐藏的。若需显示此功能,先打开"PowerPoint 选项"对话框,如图 3-38 所示,在"从下列位置选择命令"下拉列表中选择"不在

教学视频

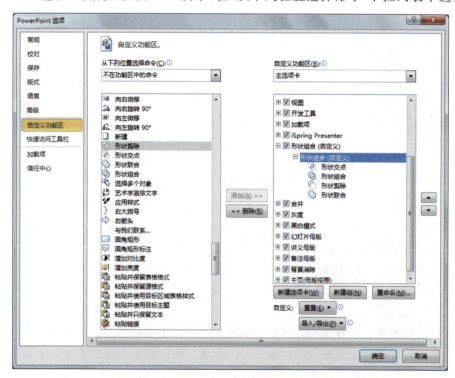

图 3-38　设置显示形状组合功能

功能区的命令"，在列表框中找到"形状剪除""形状联合""形状交点""形状组合"，把这4个命令放入一个新建的选项卡中，确定后便可增加一个"形状组合"选项卡，如图3-39所示。

形状剪除、交点、联合、组合功能的原理如图3-40所示。在形状组合编辑过程中，软件以第一个选择的形状作为基础，在形状上增加或者剪去部分范围获得新形状。对于最终得到的形状，填充颜色、边框、效果均以第一个选择的形状原有属性为标准。

图3-39　新增选项卡

 如果形状上添加了文字，将不能进行形状组合编辑，必须先删去文字。

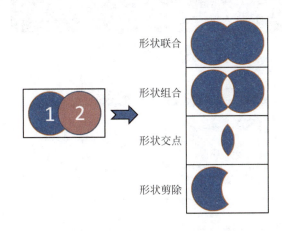

图3-40　形状组合编辑功能原理

3.5　图形在PPT课件中的应用案例

本节将通过3个案例展示利用图形设计和美化PPT课件的思路。

3.5.1　板书设计

应用多媒体教学，越来越多的教师直接在PPT中做板书。但是PPT课件不是简单地把教案文字搬到幻灯片上。优秀课件应该经过内容提炼，用适合的方式把重点内容形象地表达出来。如图3-41所示，修改前课件上的文字段落较长，排版不当，重点字眼不突出。针对这样的课件，可以依照以下步骤进行优化。

① 提炼文字内容，编排文字段落，标出重点字眼。
② 根据逻辑关系排版，调整位置。
③ 添加各种形状，设置图形和字体效果。
④ 对齐页面上的对象。
⑤ 设置动画，引导内容展示。

最终效果如图3-42所示。

教学视频

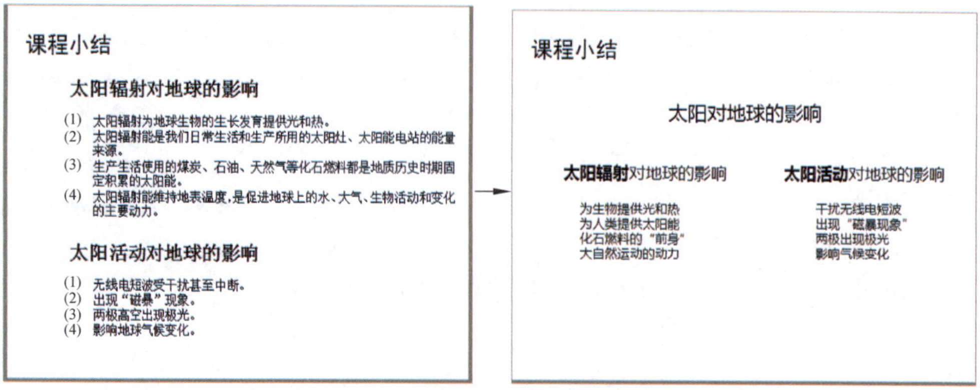

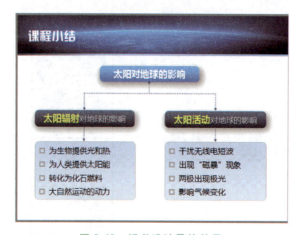

图 3-41　提炼板书内容

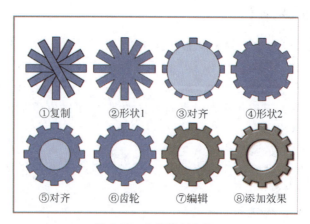

图 3-42　板书设计最终效果

3.5.2　齿轮设计

虽然 PowerPoint 预设的形状是有限的,但是通过形状组合编辑功能和顶点编辑功能,就能设计各种创意形状和图案。以绘制齿轮为例,操作流程如图 3-43 所示。

教学视频

图 3-43　齿轮绘制步骤

① 绘制长条形状的矩形。再复制一个,按住 Alt 键,按两次"→"键,旋转 30°,然后重复操作 5 次。
② 选中所有矩形,单击"形状联合"按钮,生成"形状 1"。
③ 按住 Shift 键,插入圆形,将两个形状左右居中对齐。
④ 选中"形状 1"和圆形,单击"形状联合"按钮,生成"形状 2"。
⑤ 按住 Shift 键,插入一个圆形,将两个形状左右居中对齐。
⑥ 先后选中"形状 2"和圆形,单击"形状剪除"按钮,生成"齿轮"形状。
⑦ 修改"齿轮"填充颜色、边框颜色和大小。
⑧ 设置阴影效果和三维格式。

3.5.3 绘制简易立体几何图形

虽然 PowerPoint 不是专业的三维建模软件,但是运用好软件的三维效果设置选项,也能设计出一些常见的三维形状。例如图 3-44 所示,上边一排形状都是由直径为 4 厘米的圆形经过三维效果设置得出的立体图形,而下边一排是由边长为 3.8 厘米的正方形设置得来的。在对形状进行三维效果设置的时候,应先设置三维旋转或透视效果,以便于观察形状变化效果。

教学视频

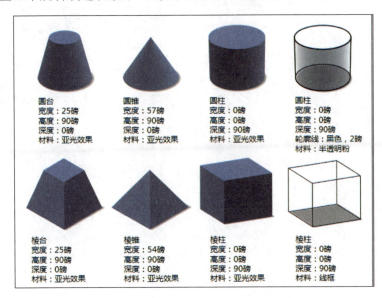

图 3-44　简易立体几何图形及数据

第4章
让 PowerPoint 课件更直观
——图像

本章主要内容：
- 图像使用概述
- 图像使用的原则
- 图像编辑技巧
- 图像美化技巧

4.1 概述

在 PowerPoint 设计领域流传有这么一句话:"文不如字,字不如表,表不如图。"或者这句话有点夸张,不过它却很好地表达了 PowerPoint 中图像对于传达信息的强大作用。图像是直观化呈现教学内容的重要元素,能准确地传达信息内容,减少信息传递的损耗。

在 PowerPoint 中,图像的视觉冲击力明显要强于文字,使用图像可以令一些抽象的知识直观地表达出来,帮助学生理解和记忆知识点。或者图像本身就带有故事性,让观者产生身临其境的感觉,更容易记住一件事。当学生的目光投向幻灯片的时候,第一反应是看图片,然后才是文字。一图胜千言,图像对于 PPT 课件的制作十分重要。

本章将把图像定义为图片、照片和插图。在 PowerPoint 中插入图像主要有以下几种方法,效果示例如图 4-1 所示。

图 4-1 插入图像的多种方法

(1) 通过"插入"选项卡"插图"组中的相关命令,插入图片、剪贴画、屏幕截图等图像对象。

(2) 复制目标图像文件,直接粘贴在指定的幻灯片页面上。

(3) 插入屏幕截图。

(4) 插入相册,同时插入多张图片。

(5) 利用自绘图形的填充功能插入特殊形状的图像。

(6) 以背景填充方式插入图像。

4.1.1 在课件中使用图像的目的

课件中的图像不只是装饰品,图像的使用目的应该是直观地呈现教学内容。根据教学目的的不同,图像的用途略有差异。只有充分掌握利用图像的目的,才能有的放矢,采用适当的方式发挥图像的效果,达到教学目的。

1. 真实构建教学环境

在教学过程中,为了让学生更好地融入教学内容情景,教师常常需要通过一些图片、视频和音乐营造教学气氛。而图像因其包含的信息量巨大,常常被用于故事环境的构建。如图 4-2 所示,使用一张彩色图片直观表达小猫刮胡子,绕过了文字思考还原的过程,最快速度构建了故事情节,更易激起学生的学习兴趣,学生也更容易融入课堂。

图 4-2 《小猫刮胡子》课件

2. 将微观或宏观的事物直观化展示

对于一些微观或者宏观的物体,因为课堂上不可能进行实物演示,所以教师通常使用课件进行模拟,将知识直观化。如图 4-3 所示,对于原子结构,常规情况下,课堂上是没有条件观察的,在课件中使用图像素材,展示历史上人们对原子结构模型认识的变化过程,既形象又直观,学生可以通过视觉刺激牢牢记住原子结构模型。

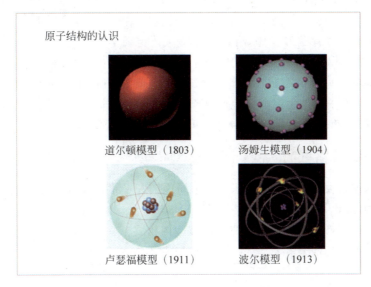

图 4-3 《原子结构》课件

3. 将抽象概念具象化演示

在教学过程中,经常会遇到一些抽象的概念,在现实中是无法找到实物证明的,这往往会导致学生在理解上存在困扰。例如光反射的法线概念、磁感线概念等,这些人为定义的概念,看不到,摸不着,使用文字描述又难以理解。如图 4-4 所示,类似地轴和黄赤交角这些并不真实存在的东西,使用图像直观地展示,将原本虚拟的概念具象化,可以方便课堂的教学,有助于引导学生快速理解。

4. 使用示意图

对于物理教学中的光学、力学、电学,以及几何证明题、地图等,常常需要图像配套说明。在课件中配套使用图像和动画,循序渐进地引导学生思考,可以让课堂更加生动有趣。如图 4-5 所示,使用示意图模拟三视图的映射方式,直观介绍了三视图的概念。

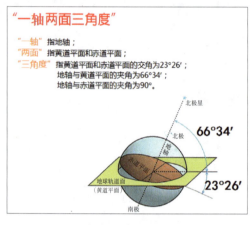

图 4-4 《地球的自转》课件

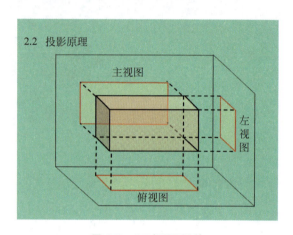

图 4-5 《三视图》课件

5. 流程图和思维导图

流程图和思维导图可以快速地展示知识点之间的结构关系,发挥板书的功效。课程安排可以根据思维导图顺序逐步实施,合理的流程图能帮助学生知道学习进度,帮助教师掌握教学进度,如图 4-6 所示。

现在国内常见的思维导图制作软件有 MindManager、Xmind、FreeMind 等,流程图制作常用 Visio 软件。由于软件之间的兼容性越来越高,课件制作者可以先利用相关软件制作思维导图或者流程图,再复制到 PPT 中使用。

4.1.2 图像格式

不同格式的图像文件,属性特征也各不相同。PPT 课件制作者只有在掌握了这些属性特征后,才能更好地运用图像文件完成教学任务。

- BMP 格式:Windows 操作系统的标准位图格式。在 Windows 环境中运行的图形图像软件都支持 BMP 格式,使用广泛。但它不支持文件压缩,通常文件占用空间非常大。
- JPEG 格式:文件后缀名为".jpg"或".jpeg",是最常用的图像文件格式。这种格式是一种有损压缩格式,能够将图像压缩成很小的文件,容易造成图像数据的损伤。

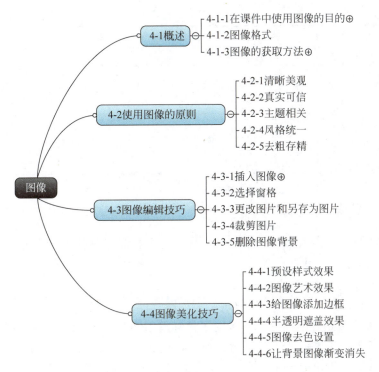

图 4-6 思维导图

现在从互联网下载的图像一般都是这种格式。

- PNG 格式：最大优点是支持图像透明，使用这种图片能很自然地与 PPT 融为一体，不需要做更多的处理，因此也是 PPT 中最常使用的图片格式之一。很多图标文件都是 PNG 格式。

- GIF 格式：一种压缩位图格式，支持透明背景图像，分为静态和动态。在一个 GIF 文件内可以存储多幅彩色图像，多幅图像数据逐幅读出并显示到屏幕上，就可以构成一种最简单的动画。但是其色域不广，只有 256 种颜色，色彩展示效果较差。

- WMF 格式：Windows 图元文件，扩展名有".wmf"和".emf"两种，属于矢量类图形，由简单的线条和封闭线条(图形)组成，可以任意缩放而不影响图像质量。该格式文件体积非常小，数量少，难以寻找到高质量美观的图像文件。可以在 PPT 中取消组合，从而对这类图片进行编辑。Office 中使用的剪贴画就是这种格式。EMF 格式属于增强型的 WMF，支持更多颜色。

- PSD 格式：Photoshop 专用文件格式，文件扩展名是".psd"。该格式文件支持图层、通道、蒙版和不同色彩模式的各种图像特征，是一种非压缩的原始文件保存格式，因此文件一般比较大。使用 PSD 格式的源文件，可以比较便捷地制作 PPT 课件模板。该格式的文件只能使用 Photoshop 软件打开。

- EPS 格式：目前印刷行业普遍使用的通用交换格式中的一种综合格式，文件体积很大，只能用专业软件(例如 Adobe Illustrated 软件或者 Photoshop 软件)打开编辑，在各大设计网站常见。

各种图像格式的特征如表 4-1 所示。

表 4-1　各种图像格式的特征

格　　式	透　明　色	动　　画	大　　小
BMP			小
JPEG			
PNG	√		小
GIF	√	√	小
WMF	√		小
PSD			大
EPS			大

4.1.3　图像的获取方法

根据不同的教学目的和教学内容，PPT课件制作者需要寻找各种图片。随着互联网的发展，现在很多图像素材可以直接从网上下载。

1. 使用百度或者 Google 图片搜索功能

百度和 Google 搜索引擎里有着数量巨大的图片库，一般情况下，只要用户输入关键字，就能搜索到许多相关主题的图片。不过为了提高搜索质量，课件制作者需要注意以下几点。

（1）当使用中文关键词找不到满意的图片，可以输入英文关键词进行搜索。

（2）如果搜索结果跟内容不吻合，可以选用其他同义词搜索，多试几次。

（3）在结果中可以根据需求筛选指定尺寸、指定颜色、指定格式的图片，如图 4-7 和图 4-8 所示。

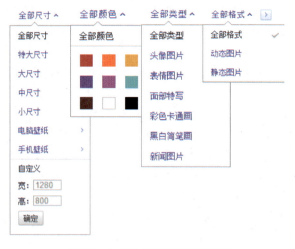

图 4-7　百度图片搜索高级选项

（4）在关键词后面加上"桌面""壁纸"或 wallbase，可以找到与主题吻合的背景图片。

（5）在关键词后面补充"filetype：＋文件格式"，例如"filetype：gif"，能按指定文件格式过滤部分搜索结果。

2. 在专业平面设计网站搜索素材

现在越来越多设计网站上线，为设计师和图像需求者整理收藏了大批高质量图片。在这些网站上，很容易根据关键字找到需要的整套图片或素材，如表 4-2 所示。

图 4-8　Google 图片搜索高级选项

表 4-2　素材网站

视觉中国-下吧	http://xiaba.shijue.me/my 数量庞大,以格式分类。需要注册登记,大部分免费下载
站酷	http://www.zcool.com.cn 质量高,数量多。无须注册直接下载
素材 CNN	http://www.sccnn.com 格式和主题分类。大部分免费下载
全景网	http://www.quanjing.com 数量庞大,以专题分类。需注册登记,可下载低像素样图
华盖创意	http://www.gettyimages.cn/ 全方位素材整理,高品质。需要授权,收费用图

3. 在微软 Office 官方图片网站找图

在过去,使用 PowerPoint 2000 或者 PowerPoint 2003 时,即使电脑没有连接网络,也能从剪贴画库中搜出图片。但是在 PowerPoint 2007 之后,情况发生了变化,微软把剪贴画库放到网上,同时也增加了更多种类的图像。微软 Office 官网图片库(http://office.microsoft.com/zh-cn/images)最大的特点是,图片以系列存在,使用者通过"查找类似图像"功能很容易找到风格相似的图片。使用风格相似的图片,能保证 PPT 课件在设计上的统一性,增加艺术感。而且,微软 Office 官网上的图片绝大部分没有版权限制,用户可以放心使用。软件"剪贴画"任务窗格如图 4-9 所示,微软 Office 官方图片网站如图 4-10 所示。

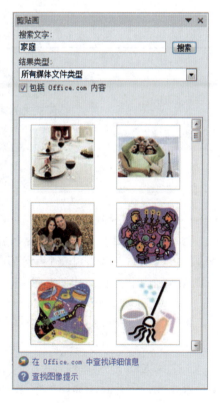

图 4-9　"剪贴画"窗格

4. 利用专业图标搜索引擎

2012 年开始,PPT 设计领域开始流行"扁平化设计"(也称 Metro 风格),在 PPT 设计中对图标(icon)的需求量大大增加。在课件中使用图标,能减少图片与背景之间的信息干扰,让课件生动幽默。下面分享几个专业图标搜索引擎,如表 4-3 所示。

图 4-10　微软 Office 官方图片网站

表 4-3　图标搜索引擎

Find Icons	http://findicons.com 需英文关键词搜索。现在业务延伸至图片。部分需收费
Icon wanted	http://iconwanted.com 需英文关键词搜索。提供尺寸、颜色等各种附加条件搜索
Icon png	http://www.iconpng.com 能中文搜索，数量和质量还可以
Easy icon	http://www.easyicon.net 最早的 icon 搜索引擎。输入中文自动转成英文搜索

5．善用教材配套资源

对于现在的图书教材，一般出版社都会配套相应的多媒体素材。教师可以从配套光盘或者出版社网站下载素材资料，然后应用到自己的教学当中。善于利用配套资源，能节省 PPT 课件的制作时间。设计者要培养积件思想，利用好各种已经积累的教学素材。

4.2　使用图像的原则

一个优秀的 PPT 课件，除了要求素材精良外，也讲究设计者对素材的巧妙运用。课件设计者在掌握图片运用原则的前提下，合理选取图片素材，对其进行加工，同时对页面综合布局，可让课件在视觉上更美观，并准确地传达信息，进而提高教学质量。

4.2.1 清晰美观

图片包含的信息量大于文字,因而被使用到课件中。但许多课件制作者会因为素材自身的限制或者兼顾排版,而对图片进行横向或者纵向拉伸,最后导致图片变形。如图 4-11 所示,左边的图片宽度进行了拉伸,苹果都变形了,看上去很奇怪,容易造成误解;右边图片像素较低,被放大后,图像模糊,出现像素化。这两种情况,都会导致细节信息损失。学生会因为看不清楚胡乱猜测,对教学内容可能理解错误。同时,失真的图片会降低课件的观赏性,不能起到吸引学生注意力的作用,违背多媒体课件的意义。

图 4-11　图片效果失真

如图 4-12 所示,对于像素低的图片,可以通过百度"识图功能"或者 Google"按图搜索"功能找到相似但不同像素版本的图片。

图 4-12　百度识图功能和 Google 按图搜索功能按钮

4.2.2 真实可信

许多教师在制作课件时直接从剪贴画中搜索漫画风格的图片。漫画因其笔画简单,往往带有随意性,如果碰到一些过度简略的插图,传达信息的准确性更是无法保证。如图 4-13 所示,左边的 PPT 画面粗糙,更因为拉长而变形,图像的信息传达能力很弱,不能引起学生的注意力,右边的PPT改用真实的航拍地球照片,展现了科学的严谨性和权威性,课程目的也更明确——与地球有关。在选择课件封面图片的时候,建议选择清晰度高、有启发性、价值意义高的图片,好的开头是成功的一半。

图 4-13　使用不同图像制作的课件封面

4.2.3　主题相关

套用模板已经成为多数PPT制作者的常见做法,但不是每一个模板都能跟教学主题匹配。如图4-14所示,左边的PPT使用的是一个农场的背景图片,但是教学主题却是关于气候,模板与图片之间没有任何关联,模板变成了教学的多余信息,甚至是干扰信息;右边的PPT更符合课件主题,为了体现气候的多样性,列举了6种不同气候情况的图片,表达了气候多样性的信息,体现了PPT课件为教学服务的思想。

图 4-14　主题相关

4.2.4　风格统一

很多人在制作课件之前就开始寻找模板、图片、Flash、音效等各种素材。图片类型有多种,全部一股脑儿往模板上粘贴的话,最后可能会成为一个"大杂烩"课件。不管素材有多少,一个课件都应该有一个统一的风格,不论是图片的类型,还是图片的排版方式。如图4-15所示,左边的PPT中图片的类型、图片的大小、图片的摆放都是杂乱无章的,受众无法在幻灯片上找到重点;右边的PPT是经过修改后的效果,采用统一的裁剪方式,水平排列,重点信息一目了然。

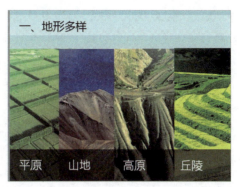

图 4-15 风格统一

4.2.5 去粗存精

从网上下载的图片通常带有水印或者日期等其他信息,如图 4-16 所示。这些信息对于教学是没有作用的,甚至会对教学产生干扰,建议使用图片之前先进行处理。推荐使用 Inpaint 这款软件去除水印,在软件中使用"选择工具"选取希望去除的对象,然后选择"消除"命令,Inpaint 就会自动去除对象周围背景的颜色和分布,利用周围背景填充去除的对象,从而使图片看上去非常完整。

图 4-16 去粗存精

4.3 图像编辑技巧

图片是课件中不可缺少的元素,使用 PowerPoint 能够很方便地向课件中添加图片,同时还可以对添加的图片的大小和颜色进行调整,并为图片添加特效。

4.3.1 插入图像

本章开头部分提到了在 PPT 课件中插入图片的 5 种方法,现在分别详细介绍。

1. "插入"功能

"插入"选项卡的"图像"组中有一系列按钮,能实现插入图片、剪贴画、屏幕截图、相册等图像元素的功能。如图 4-17 所示,利用"插入"选项卡中的功能按钮,能导入各式各样的格

教学视频

式文件。通过"插入-图片"命令,我们每次能导入一张图。如果在插入图片的对话框中按住 Ctrl 键选中多张图片,那么所选中的多张图片将同时插入同一页幻灯片中。

图 4-17 "插入"功能区的"图像"组

2. 复制粘贴

在资源浏览器中选中目标图像文件,可以直接复制,并粘贴到指定的幻灯片页面上。通过这种方法插入图片,原理跟第一种方法类似,区别在于第一种方法插入的图片会被缩小至符合幻灯片页面大小,而这种方式是按照原文件尺寸大小插入的。在插入一些尺寸较大的图片时,图片大小可能会超出幻灯片,造成操作不便,因此建议选用第一种方法。

3. 插入屏幕截图

PowerPoint 2010 版本中新增了插入屏幕截图功能,如图 4-18 所示。这项功能可以迅速地对电脑上已经打开的软件或者桌面进行截图,并插入 PPT 中。需要注意的一点是,对于最小化和关闭的软件界面无法进行截图。

图 4-18 插入屏幕截图

4. 插入相册

插入-相册功能的最大优势是能以指定版式插入大量图片,并生成一个新的 PPT。插入相册能免去重复"新建幻灯+插入图片"的操作,适用于制作以照片为主的 PPT 课件,操作步骤如下。

① 单击"插入"选项卡下"图像"组中的"相册"按钮,打开"相册"对话框。

② 单击"文件/磁盘"按钮,如图 4-19 所示,弹出"插入新图片"对话框,在其中选中图片,单击"确定"按钮导入图片。

③ 在"相册"对话框中可以调整图片顺序,修改图片亮度和对比度。

④ 在"相册"对话框中选择图片版式和主题后单击"创建"按钮,如图 4-20 所示。

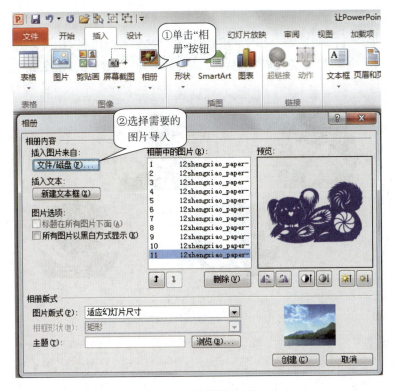

图 4-19 "相册"对话框

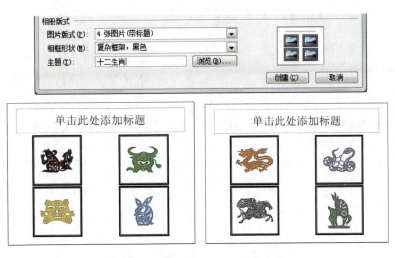

图 4-20 使用指定版式创建的相册

5. 自绘图形填充功能

第 3 章提过,自绘图形还能使用图片进行填充。使用这种功能,能在 PPT 中实现简单的抠图,或者特殊图片拼接。如图 4-21 所示,对比于传统矩形图片的排列,对多个自绘图形填充图片的排列逻辑更清晰,且显活力。PowerPoint 2010 中针对图像裁剪新增加了"裁剪为形状"功能,这个功能跟自绘图片填充效果相似,不过后者可控性更强,能做更多的修改。具体操作步骤请参考第 3 章相关内容。

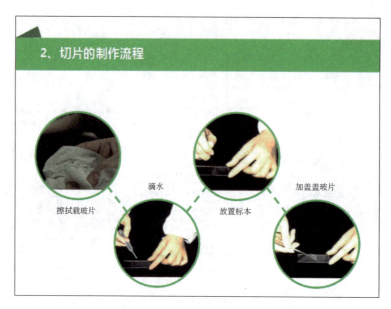

图 4-21 使用自定义图形填充

6. 背景设置

PPT 课件背景能设置颜色填充、图案填充和图片填充。采用背景设置方法插入图片,跟自绘图形填充效果相似,优势是图片可以进行艺术修饰加工,同时,背景填充的图片不能被选中,能避免在操作中误操作。不过背景填充方式也因不可控制而不能进行图像偏移,如果图片尺寸比例跟幻灯片比例不一致,就会出现变形。

4.3.2 选择窗格

PowerPoint 2007 版本开始加入了选择窗格工具,引入了 Photoshop 的图层概念,如图 4-22 和图 4-23 所示。当遇到幻灯片上有许多对象,特别是对象还存在层叠的情况,使用选择窗格能很好地选择对象,让课件制作更方便利索。在选择窗格中,想选择什么对象,只需单击对应对象名称就可以了。单击旁边的眼睛图标,还能暂时隐藏不需要编辑的对象,避免干扰。另外,在选择窗格中双击对象名称能进行重命名操作,单击选择窗格下面的向上和向下三角按钮能调整图层顺序。

教学视频

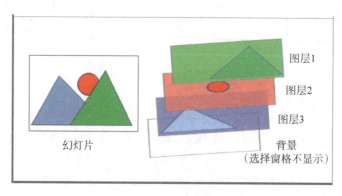

图 4-22 图层的概念

调用选择窗格的方法有如下 3 种。

（1）在"开始"选项卡的"编辑"组中单击"选择"按钮，在弹出的下拉菜单中单击"选择窗格"命令。

（2）选中页面上任意一个图像对象或文字对象，单击"图片工具"或"绘图工具"选项卡"排列"组中的"选择窗格"按钮。

（3）在已经预设好的自定义快速访问栏中单击"选择窗格"按钮。

4.3.3 更改图片和另存为图片

教学视频

更改图片功能是从 PowerPoint 2007 版开始新增的功能，而另存为图片功能在 PowerPoint 2003 版中已经存在。对于重用 PPT 课件，这两项功能发挥着不可或缺的作用，为课件制作者节省了许多时间。

如图 4-24 所示，在幻灯片上选中需要替换的图片并右击，在弹出的快捷菜单中选择"更改图片"命令，然后在弹出的对话框中选择目标图片即可。用于替换的图片会保留原来图片的大小、位置、边框、倒影等一系列图片格式，同时也保留了原图片的自定义动画。通过"更改图片"功能，能达到快速重复使用幻灯片的效果，减少课件制作的时间。

图 4-23　选择窗格

另存为图片也是经常用到的功能。在 PowerPoint 中，此项功能几乎能把所有能看到的对象另存为图片，改变它们的图片格式，如图 4-25 所示。一些格式效果只能出现在高版本

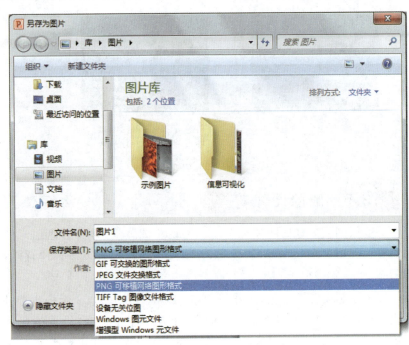

图 4-24　更改图片　　　　图 4-25　"另存为图片"对话框

PowerPoint 中，譬如映像、外发光、柔化边缘等效果。假设在 PowerPoint 2007 或者 PowerPoint 2010 中要将文件另存为 PowerPoint 97-2003 演示文稿，兼容性检查器通常提示会丢失 PowerPoint 新增的图片格式效果，找到使用了新格式效果的图像，将其另存为图片后再重新插入 PPT 课件，就能解决不兼容的问题了。

> **专家点拨** 另存为图片功能能方便地保存所需要的高版本格式效果，但是这个过程是不可逆，保存的图片效果不可删除。因此，应保存一份 PPXT 格式的文件作为备份。同时，如果保存的图片有透明颜色，则保存格式要注意选择 PNG 格式或 GIF 格式。

4.3.4　裁剪图片

很多图片因为包含太多信息或者太大，并不能直接拿来用。好的图片都是裁出来的，如果能调整图片的形状，把重点有用的信息展示出来，立刻就能化腐朽为神奇。如图 4-26 和图 4-27 所示，选中图像，单击"图片工具-格式"选项卡下的"裁剪"按钮，拖动 8 个控制手柄选择保留区域，再单击"裁剪"按钮即可完成裁剪。

图 4-26　裁剪按钮和下拉菜单

单击"裁剪"下拉箭头，弹出的下拉菜单中提供了更多的裁剪方式，可把裁剪形状设置为特殊形状，调整裁剪纵横比例及裁剪剩余区域的填充方式等。

图 4-27　图片裁剪效果

4.3.5　删除图像背景

一般从网上下载的图片都有一个不透明的背景，常常会遮挡课件上的其他内容。应用 PowerPoint 2010 版本，有如下所述两种方法去掉背景，实现抠图功能。

方法一是设置透明色，操作简单，在 PowerPoint 2003 版中也能使用。单击"图片工具-格式"选项卡下的"颜色"按钮，在弹出的下拉菜单中选择"设置透明色"命令，用弹出的选色笔单击背景颜色即可。但这种方法抠出的图片边界往往比较毛糙，而且只能选取一种颜色作为透明色，需要保留的和背景颜色相同的部分也会被抠掉，会造成图片残缺，如图 4-28 所示。

图 4-28　设置透明色

方法二是使用 PowerPoint 2010 版本新增的删除背景功能。选中图片，单击"图片工具-格式"选项卡下的"删除背景"按钮，修改图片上新弹出的选取范围框，并使用"标记要保留的区域""标记要删除的区域"和"删除标记"3 个按钮标记保留和删除的区域，然后单击"保留更改"即可完成删除任务，如图 4-29 所示。

图 4-29　删除背景

4.4　图像美化技巧

PPT 课件中图像展现的好与坏直接影响信息传达的效果，一张清晰、漂亮的图片更能吸引学生，让学生更留意课件传达的内容。因此，美化图像是课件制作的必要工序。而且美化图像应该坚持"突出重点部分，弱化无关信息"的原则。

4.4.1　预设样式效果

从 PowerPoint 2007 版本开始，针对图像设置增加了 28 种预设图片版式和 6 个系列共计 12 种预设图片效果。其中 6 个系列的图片效果分别是阴影、映像、发光、柔化边缘、棱台和三维旋转。课件制作者单击选中图片后，在"图片工具-格式"选项卡中选择预设版式即可应用，如图 4-30 所示。图片版式和图片效果如图 4-31 所示。

软件预置的图片版式，其实都是 6 个系列图片的组合效果。各图片效果的含义如下所述。

幻灯片放映
审阅
视图
加载项
iSpring Presenter
图形组合
图片工具
格式
图片边框
图片效果
图片版式
预设(P)
阴影(S)
映像(R)
发光(G)
柔化边缘(E)
棱台(B)
三维旋转(D)

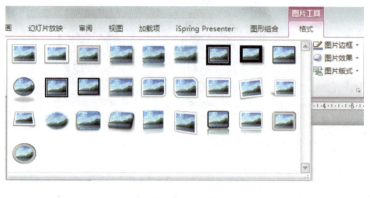

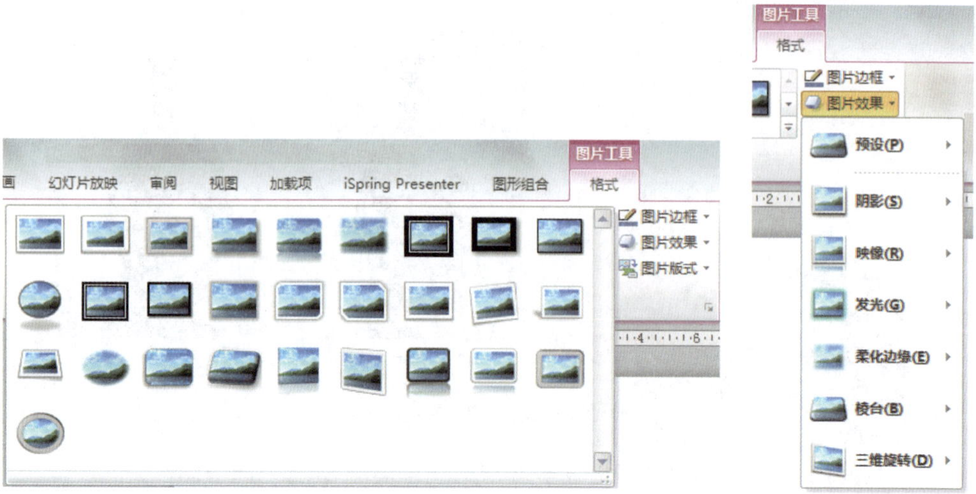

图 4-30　图片版式和图片效果设置按钮

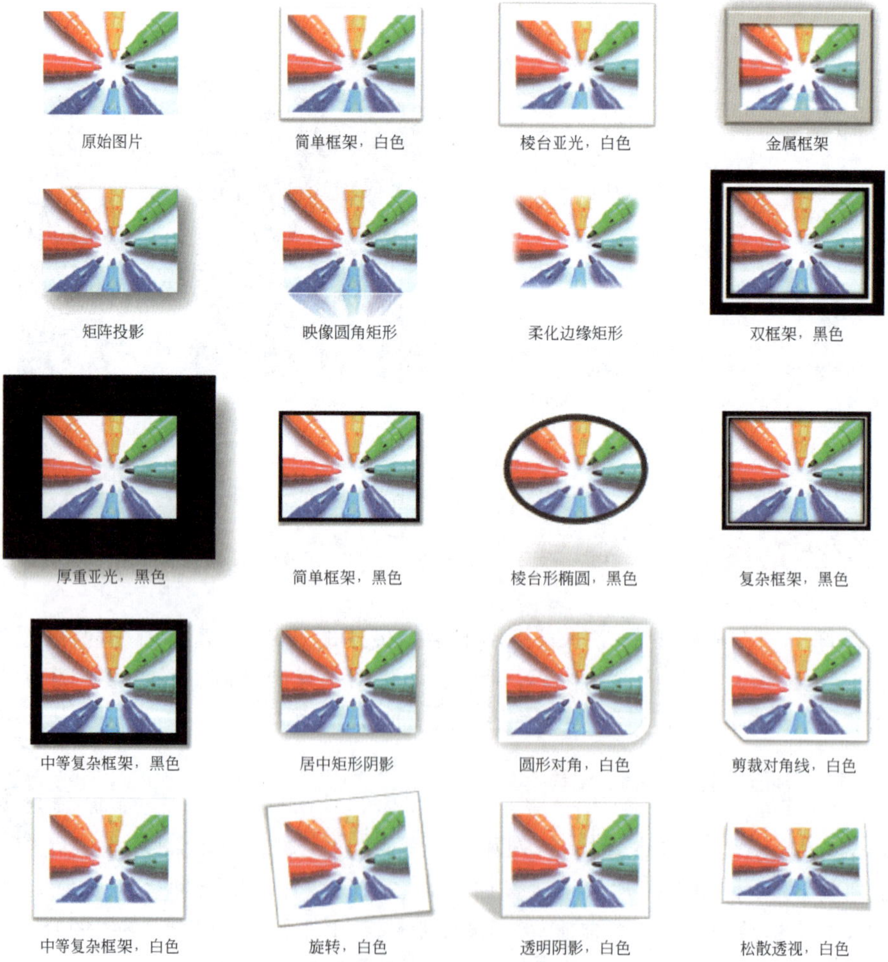

原始图片
简单框架，白色
棱台亚光，白色
金属框架
矩阵投影
映像圆角矩形
柔化边缘矩形
双框架，黑色
厚重亚光，黑色
简单框架，黑色
棱台形椭圆，黑色
复杂框架，黑色
中等复杂框架，黑色
居中矩形阴影
圆形对角，白色
剪裁对角线，白色
中等复杂框架，白色
旋转，白色
透明阴影，白色
松散透视，白色

图 4-31　图片版式和图片效果

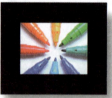

图 4-31 （续）

- 阴影：设置图片内阴影或外阴影，不能同时设置内阴影和外阴影。属性包括阴影的颜色、透明度、大小、虚化、角度和距离。
- 映像：设置图片的倒影。属性包括倒影的透明度、大小、距离和虚化效果。
- 发光：设置图片外发光效果，属性包括颜色、大小和透明度。
- 柔化边缘：柔化图片边缘，即让图片边缘渐变消失，与背景融合。
- 棱台：三维格式属性之一。软件预设了多种棱台效果，可以直接使用。
- 三维旋转：使图片围绕三维坐标轴(X、Y、Z)进行旋转调整。

为图像添加样式效果，使课件画面更精致，增强艺术性，提升吸引力。不过有些预设样式要慎用，因为图像变形或者裁切，会导致信息缺失。如"棱台形椭圆""松散透视""柔化边缘椭圆""金属椭圆"等，都会对图像信息造成一定的删减或者弱化。

4.4.2 图像艺术效果

PowerPoint 2010 软件增加了 22 种艺术效果。PowerPoint 对图像的处理能力也因此大大改进，简化了图片美化的步骤，其中很多效果更是直追 Photoshop 效果。图像艺术效果类似 Photoshop 的滤镜效果。通过简单的设置，就能生成媲美 Photoshop 的专业特效。如图 4-32 所示为部分艺术效果，课件制作者选中图片后，单击"图片格式-工具"选项卡中的"艺术效果"，在弹出的下拉菜单中选取预设效果即可。

教学视频

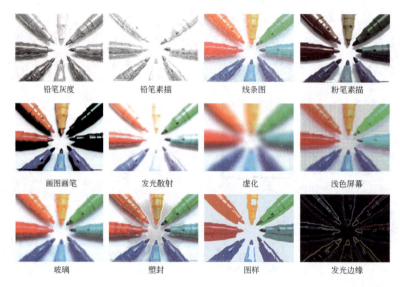

图 4-32　图片艺术效果

4.4.3　给图像添加边框

给图像添加边框,可以说是最不影响图像信息的修饰方法。因为添加边框不会在图像上做任何修改,只是在图像之外添加效果,是一种简单易行的图像美化方法。配合阴影或者倒影效果,能打破图像的单调。图片的边框设置,包括颜色、粗细、线型,还能调整线条的连接方式和线头的形状设置。如图 4-33 所示,通过设置图片格式中线型属性,能设置各种边框效果。关于边框属性的详细设置方法,请参考第 3 章的相关内容。

教学视频

图 4-33　边框设置和效果

除了使用软件预设的边框效果外,用户还能通过自绘图形的层叠制作不那么呆板的边框效果。如图 4-34 所示,图像与白色矩形配合阴影效果,生成宝丽来照片风格。更多的边框修饰方法如图 4-35 所示。通过百度图片搜索"相框",能获得更多灵感。

图 4-34　宝丽来风格的应用

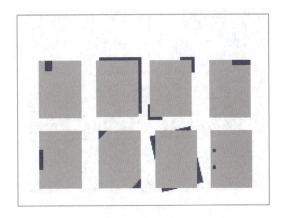

图 4-35　边框修改方法

特殊边框效果制作原理其实都是使用自绘图形层叠,就是在图像的上层或下层插入自绘图形,并设置阴影、映像等效果。以宝丽来效果为例,如图 4-36 所示,在图像下一层插入一个比图像大的白色矩形,设置白色矩形的细小灰色边框和阴影效果,在空白地方插入文本框输入文字。

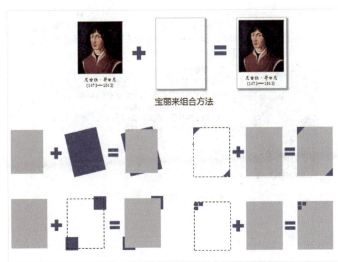

图 4-36　部分边框的设计原理

4.4.4　半透明遮盖效果

在图像上叠加半透明的图形,可以通过减弱下层图像的信息传送,增强半透明图像上面文字内容的表达。采用半透明图形覆盖能保持下层图像的连贯性,不会破坏图片的整体性。如果要在图像上添加一个半透明的图形,只需插入一个半透明的自绘图形即可。如图 4-37 所示,采用大图作为背景,没有多余的空位摆放标题,在图上覆盖一个半透明蓝绿色的矩形框,削弱部分背景图像的信息,留出了足够的空间添加需要重点展示的标题。半透明自绘图形设置如图 4-38 所示,更详细的操作设置请参考第 3 章的相关内容。

教学视频

图 4-37 半透明标题效果

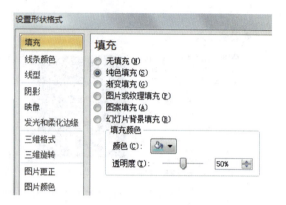

图 4-38 半透明自绘图形设置

如图 4-39 所示,半透明图像除了应用在封面标题外,还能在内容页上使用。在进行多个概念讲述时,可以通过半透明图像覆盖,只保留重点内容部分进行展示。

图 4-39 半透明效果应用

4.4.5 图像去色设置

在一些课件中,图像只是起装饰的作用,或者图像所显示的信息并不是重点内容,此时可以去掉图像的颜色,变成灰度图片。灰度图片与彩色的文字、形状或者图像形成强烈对比,可以突出彩色展示内容。如图 4-40 所示,选中封面的彩色图像,单击"图片工具-格式"选项卡的"颜色"按钮,选择"白色、浅色"效果,被去掉颜色的封面背景隐约展示出了染色体的结构,而课程的标题则用一个大色块衬托展示,清晰直接。

4.4.6 让背景图像渐变消失

使用图像的时候,背景颜色与图像可能会出现不协调,例如图像的边界显得生硬。通常可以使用图片的柔化边缘功能让图像边界慢慢过渡到背景。但是柔化功能是四条边都柔化,或者需要柔化的区域比较大,有时不能达到满意

 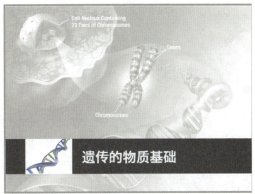

图 4-40　图像去色处理

的效果。此时可以使用渐变填充的自绘图形,从背景颜色开始渐变,直到 100％透明。如图 4-41 所示,图像素材上方有一块空白位置无法覆盖,显露出背景的白色,这时可以在图像上端插入一个白色从 0％渐变到 100％的透明矩形,对图片上端进行渐变覆盖。更详细的操作,可参考第 3 章形状填充的相关内容。

图 4-41　背景图像渐变设置

第5章
让 PowerPoint 课件更可信
——图表

本章主要内容：
- 在PPT课件中使用图表概述
- 表格
- 数据型图表
- 逻辑型图表

5.1 概述

制作课件时遇上需要展示大量数据,或者需要表达复杂的逻辑关系的情况下,一般的图文排版很难图形化表达内容,可以用图表来阐释。人的视觉对于密密麻麻的数据总是有意无意地避而远之,而对于图形图表却是趋之若鹜。图表将枯燥的数据重新整理,转换成图形形式直观呈现,形象传达内在的事实或者道理。

教学视频

根据表达内容和方式的不同,图表可以分为表格、数据型图表和逻辑型图表,如图 5-1 所示。表格主要通过独特的排版方式罗列数据和文字内容。数据型图表通过图形的方式展示数据及数据的变化。逻辑型图表用于表达复杂的逻辑关系,让教师可以轻松讲解与分析各种复杂的情况,通常用于分析和概括板书。

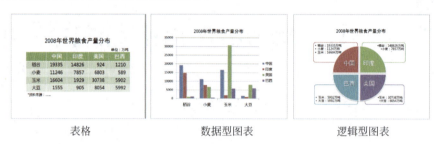

| 表格 | 数据型图表 | 逻辑型图表 |

图 5-1　图表的 3 种类型

Office 软件中,Excel 是专门制作和编辑图表的软件,在 PowerPoint 中制作图表,常常需要调用 Excel 的功能,进行跨软件编辑。随着 Office 的不断升级改良,PowerPoint 与 Excel 的融合度也越来越高。本章中,如无特别说明,所有操作均在 PowerPoint 中进行。

5.2 表格

表格虽然看起来简单,但美观且信息传达准确的表格却不常见。其实只需用好 PPT 的表格设计功能,对表格进行简单的美化,配合字体的调整,表格就会焕然一新,如图 5-2 所示。表格在 PPT 中常被低估,很大程度上是因为很多人习惯直接从 Word 或者 Excel 里面复制表格到 PPT 中,而在 PPT 中没有对表格进行美化。

图 5-2　美化前和美化后的表格

5.2.1 插入表格

1. 直接插入表格

如图 5-3 所示,在"插入"选项卡中单击"表格"按钮,在弹出的下拉菜单中拖动鼠标选择表格的行列数,单击即可在 PPT 中插入默认格式的表格。如果要插入超过 10×8 的表格,可单击"插入表格"按钮,在对话框中输入表格的行列数后确定插入。

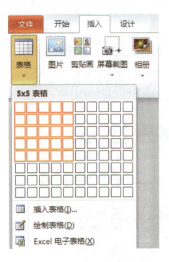

图 5-3 插入表格

2. 从 Excel 导入表格

通过复制粘贴的操作,就能实现从 Excel 中导入表格的功能。粘贴前在幻灯片右击,在弹出的快捷菜单中选择"粘贴选项"命令,或者在粘贴后单击图表右下角黄色的"粘贴选项"按钮,可选择不同的粘贴方式,如图 5-4 所示,从左到右依次为使用目标样式(软件默认)、保留源格式、嵌入、图片及只保留文本。

(1) 使用目标样式:这种粘贴方式会把原始表格转换成 PowerPoint 中默认的表格样式,并且套用主题字体和颜色方案,如图 5-5(a)所示。

图 5-4 表格的 5 种粘贴方式

(2) 保留源格式:这种粘贴方式会把原始表格转换成可在 PowerPoint 中使用的表格,但同时会保留原来 Excel 中所设置的字体、颜色、边框等格式属性,如图 5-5(c)所示。

(3) 嵌入:嵌入式表格在外观上保留了 Excel 中的所有格式,包括字体、颜色、边框等,与保留源格式的粘贴方式相同,如图 5-5(d)所示。但是从对象类型上来看,嵌入式表格完全不同于 PowerPoint 中的表格对象。双击表格,软件就会进入内置的 Excel 编辑环境,可利用 Excel 具备的所有编辑功能对表格进行相关操作,譬如使用函数公式,条件格式等,如图 5-5(g)所示。

(4) 图片:将表格粘贴为图片格式,图片所显示的内容与源文件中的表格外观完全一致,但是文字内容和格式无法再进行编辑和修改。这种粘贴方式能有效保证数据不会被修改,效果如图 5-5(e)所示。

（5）只保留文本：这种粘贴方式会把原有的表格转换成 PowerPoint 中的文字段落，不同列之间用占位符间隔，其中的文字格式自动套用幻灯片所使用的主题文字，如图 5-5(f)所示。

图 5-5　5 种粘贴方式的效果

5.2.2　美化表格

插入表格之后，通过"表格工具-设计"选项卡中的"表格样式"选项组可以快速设置表格表头以及内部行列的样式，如图 5-6 所示。但是预设的样式有限，难以满足所有需求，此时可以通过修改表格中的各种要素美化表格，具体操作如下。

教学视频

图 5-6　"表格样式"选项组

① 复制表格，不带任何效果，如图 5-7(a)所示。

② 选中单元格，单击"表格工具-设计"选项卡中的"底纹"按钮，修改表格的填充颜色，对标题栏进行初步区分，效果如图 5-7(b)所示。

③ 设置"绘图边框"选项组中选项，设置线框的线型、粗细、颜色等设置。效果如图 5-7(c)所示。

④ 选中单元格，在“开始”选项卡的“字体”选项组中修改表格中的文字格式，包括加大、加粗、替换字体、改变字体颜色等，效果如图 5-7(d)所示。

⑤ 选中单元格，在“开始”选项卡的“段落”选项组中设置文字的对齐方式，除了水平对齐，还要注意设置垂直对齐方式和左右缩进量等，效果如图 5-7(e)所示。

⑥ 对需要重点突出的内容修改填充颜色和字体颜色，形成反衬强调效果，如图 5-7(f)所示。

	中国	印度	美国	巴西
稻谷	19335	14826	924	1210
小麦	11246	7857	6803	589
玉米	16604	1929	30738	5902
大豆	1555	905	8054	5992

(a)

	中国	印度	美国	巴西
稻谷	19335	14826	924	1210
小麦	11246	7857	6803	589
玉米	16604	1929	30738	5902
大豆	1555	905	8054	5992

(b)

	中国	印度	美国	巴西
稻谷	19335	14826	924	1210
小麦	11246	7857	6803	589
玉米	16604	1929	30738	5902
大豆	1555	905	8054	5992

(c)

	中国	印度	美国	巴西
稻谷	19335	14826	924	1210
小麦	11246	7857	6803	589
玉米	16604	1929	30738	5902
大豆	1555	905	8054	5992

(d)

	中国	印度	美国	巴西
稻谷	19335	14826	924	1210
小麦	11246	7857	6803	589
玉米	16604	1929	30738	5902
大豆	1555	905	8054	5992

(e)

	中国	印度	美国	巴西
稻谷	19335	14826	924	1210
小麦	11246	7857	6803	589
玉米	16604	1929	30738	5902
大豆	1555	905	8054	5992

(f)

图 5-7　表格的美化

5.3 数据型图表

数据型图表侧重于数据的展示和对比，是一种用于展示数据的视觉化工具。运用数据型图表，一方面能让数据承载的信息变得简洁，另一方面可以通过图表的外观吸引学生关注数据背后隐藏的信息。

5.3.1 插入数据型图表

教学视频

1. 直接创建图表

在 PowerPoint 中直接创建图表，会在 PowerPoint 中保存图表的源数据，并且会在编辑时调用 Excel 程序环境进行相关操作，操作界面和操作方式与 Excel 相同。如图 5-8 所示，单击“插入”选项卡中的“图表”按钮，在弹出的“插入图表”对话框中选择需要的图表类型后单击“确定”按钮，软件将会弹出 Excel 表格要求输入数据，继而完成图表的制作。

2. 从 Excel 导入图表

对于在 Excel 中已经编辑好的图表，可以通过复制粘贴的操作导入 PowerPoint 中。与表格的导入相似，图表也有 5 种粘贴方式，如图 5-9 所示，从左到右分别是使用目标主题和

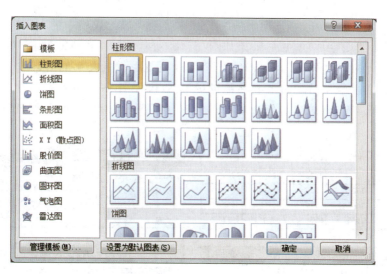

图 5-8 "插入图表"对话框

嵌入工作簿（软件默认）、保留源格式和嵌入工作簿、使用目标主题和链接数据、保留源格式和链接数据、图片。

（1）使用目标主题：粘贴的图表自动套用幻灯片主题中的字体、颜色以及效果设置。

（2）保留源格式：粘贴的图表保留原 Excel 图表中的字体、颜色以及效果设置。

图 5-9　图表的 5 种粘贴方式

（3）嵌入工作簿：将粘贴图表关联的 Excel 源表格嵌入幻灯片中保存，右击图表选择"编辑数据"命令，能在 Excel 环境下打开嵌入的表格，编辑其中的数据和修改图表。嵌入的工作簿包含在课件中，不依赖外部文件，缺点是会增大幻灯片的文件体积。

（4）链接数据：粘贴的图表与原始的 Excel 工作簿仍保留着数据链接关系，"编辑数据"功能直接编辑外部的 Excel 工作簿。一旦离开链接的 Excel 文件，幻灯片中的图表数据将无法编辑更新。

（5）图片：把图表转换成图片对象粘贴到幻灯片上，外观与原来图表一致，但无法编辑和修改。

5.3.2　图表构成元素

PowerPoint 中的图表由众多元素构成，每个元素都能单独设置格式效果，为用户作图提供了相当的灵活性。图 5-10 展示了常见的图表构成元素。

（1）图表区：整个图表的编辑区域，放置了所有图表元素。

（2）绘图区：包含数据系列图形的区域，形象展示数据的场所。

（3）坐标轴：包括横坐标轴和纵坐标轴，横坐标轴一般反映时间变化或者类别，纵坐标轴一般反映数据的变化。坐标轴上包括刻度线、刻度值。

（4）图表标题：当只有单一系列数据时，PowerPoint 插入的标题默认使用系列名称，当有多个系列数据时，默认不插入标题。无论什么情况，都建议用户自己修改一个符合主题的标题。

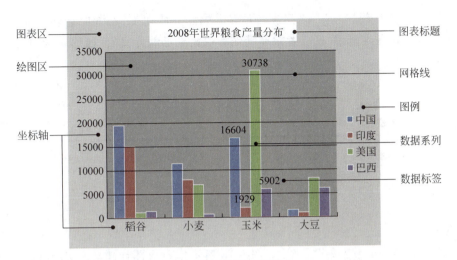

图 5-10 图表构成元素

（5）网格线：包括水平和垂直网格线，分别对应平行于横坐标轴和纵坐标轴。常用水平的网格线指示数值的大小。

（6）图例：说明图表中图形代表的数据系列。

（7）数据系列：根据数据源绘制的图形，形象表达数据，是图表的核心部分。

（8）数据标签：跟随数据系列而显示的数据源的值。默认情况下不显示，功能与纵坐标轴刻度重复。

5.3.3 数据型图表类型

数据型图表以图形的方式展示数据的规律、关系或趋势。不同的图表类型能表达不同的数据含义，因此课件制作者应根据表达目的和数据的内在规律选择适合的图表类型。下面抽取最常见的 4 种数据型图表进行讲解。

1. 柱形图

柱形图重点展示数据的大小，根据横坐标轴的不同，可分为两类，一类与时间序列相关，用于展示某个项目在不同时间上数量或趋势的对比；而另一种以项目、类别作为横坐标轴，重点展示不同项目、类别之间的差别，如图 5-11 所示。

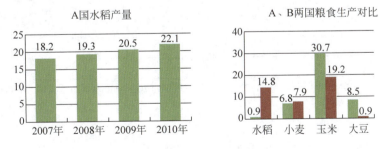

图 5-11 柱形图

2. 饼图

饼图适用于展示数据系列之间的差异性，或反映总体构成情况。通常不使用图例，直接在扇区上标记系列名称。一般情况下,将要突出的部分放到12点方向会获得更多的关注,还可以通过部分分离、填充颜色或者添加其他特效让重点部分突出,如图5-12所示。

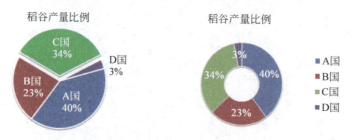

图 5-12　饼图

3. 条形图

将柱形图旋转90°就变成条形图,如图5-13所示。条形图侧重于展示类别之间的数量对比,与柱形图不同,条形图一般不表示数据随时间的变化情况。单系列的条形图通常按照数据从大到小的顺序自上而下摆放,方便阅读。

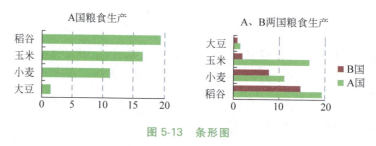

图 5-13　条形图

4. 折线图

折线图主要用于展示数据随时间的变化情况。折线图从时间上看是连续的,时间属性非常明显。通过修改折线的颜色,能同时对比多个系列的数据,而不会显得凌乱,如图5-14所示。

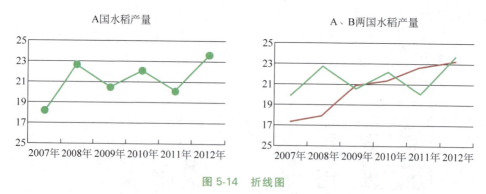

图 5-14　折线图

5.3.4　数据型图表的美化

数据型图表的美化要紧抓两大原则,即简化和突出重点。图表展示的重点不在于数据,而是数据背后的含义。只有去除干扰图表阅读的多余信息,才能更有效地呈现核心信息。

下面以一个柱形图为例子进行介绍。

原始表格如图 5-15(a)所示,背景与图表没有任何联系,表格和图表表达的内容重复,颜色过多,这些干扰因素都导致了数据核心传达不到位。针对这些问题,可以做出如下修改。

(1) 修改图表背景。将 PPT 的背景改为白色或灰色等中性色,效果如图 5-15(b)所示。太花哨或者太鲜艳的背景都会干扰学生对图表的阅读。另外,全部删除幻灯片上与图表主题无关的插图。

(2) 删除没必要的数据表格,去掉三维效果。重复的数据容易让人混淆,也占用页面空

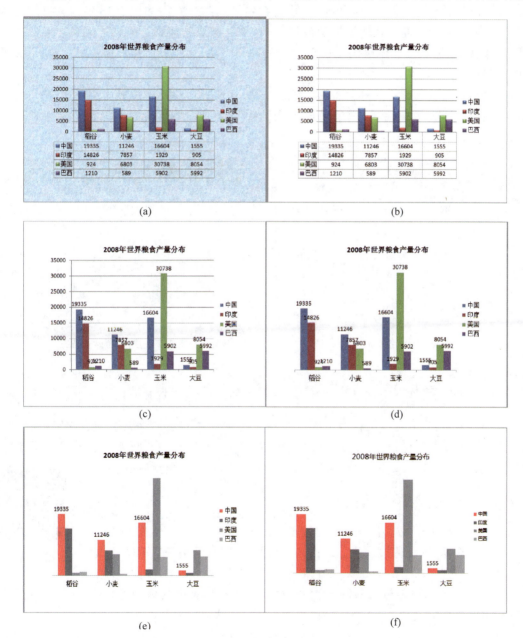

图 5-15 数据型图表的美化

间，这里可以删掉表格，在图表上添加数据标签。三维效果虽然高级，但是会大大降低图表的易读性，应尽量少用。修改后的效果如图 5-15(c)所示。

（3）简化网格和坐标轴。网格线和坐标轴的作用与数据标签重复，只留一种有效元素即可。简化后的效果如图 5-15(d)所示。

（4）使用一系列相似色作为基础色，使用一种反差较大的颜色作为强调色。例如用红色强调中国的粮食生产，而其他国家用有深浅对比的灰色表示，效果如图 5-15(e)所示。

（5）设置数据系列格式，美化图表字体。选中并右击数据系列，在弹出的快捷菜单中选择"设置数据系列格式"命令，弹出"设置数据系列格式"对话框，如图 5-16 所示，缩小"分类间距"，扩大柱状的宽度。其他类型的数据图表，也有类似的数据系列格式设置。修改完图表图形部分后，逐个选择图表中的文字元素，修改其字体、大小、颜色、对齐方式等，最终效果如图 5-15(f)所示。

修改完的图表只展示了数据而没有结论，无法保证观者解读到图表背后的信息。因此，建议直接给出图表的结论，让观者明确图表的中心含义。修改后的幻灯片效果如图 5-17 所示。

图 5-16　"设置数据系列格式"对话框

图 5-17　结论型数据图表

5.4　逻辑型图表

逻辑型图表在 PowerPoint 中也称为"图示"，本书第 3 章有所涉及。逻辑型图表能够将对象之间的逻辑关系图形化，使文字背后包含的信息一目了然，让课件更加有吸引力。制作逻辑型图表的关键在于提取文字中蕴含的逻辑关系，并设计出合理的图表。

5.4.1　插入逻辑型图表

PowerPoint 2007 及以上版本中配置了 SmartArt 图形工具，使用 SmartArt 能快速创建常见逻辑型图表，包括列表、流程、循环、层次结构等。

单击"插入"选项卡中的 SmartArt 按钮，弹出"选择 SmartArt 图形"对话框，如图 5-18 所示，在左侧选择图形类型，在中间选择列表中具体的图形布局，右边就会显示所选图形的效果预览，单击"确定"按钮即可插入图表。

如图 5-19 所示，已经创建 SmartArt 图形，单击图形中的"［文本］"，即可编辑文字内容。或者单击左边框的三角箭头，在弹出的"文本编辑"对话框中输入文字内容。

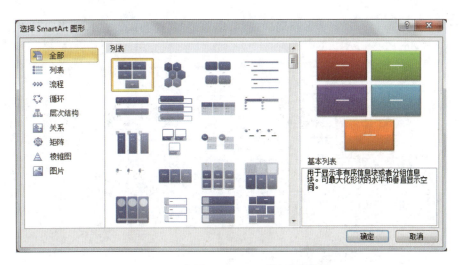

图 5-18 "选择 SmartArt 图形"对话框

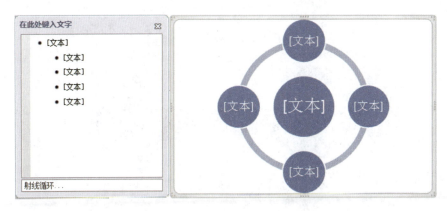

图 5-19 SmartArt 图形的文本编辑

5.4.2 SmartArt 图形的美化

PowerPoint 中对 SmartArt 图形预设了多种样式,通过"SmartArt 样式"选项组能快速美化 SmartArt 图形。如图 5-20 所示,选中 SmartArt 图形,单击"SmartArt 工具-设计"选项卡中的"更改颜色"按钮,可以在下拉菜单中选择图形的颜色;单击样式库右下角的下拉三角形,可以在弹出的样式库中设定图形的外观样式和效果。

除了使用系统提供的颜色和样式功能外,SmartArt 还能单独设置图形效果。SmartArt 本质上是一组形状组合,因此可以当成图形进行效果设置,具体操作方式请参考第 3 章相关内容。

教学视频

5.4.3 SmartArt 图形的编辑

1. 更改类型

在课件制作过程中,可能需要修改 SmartArt 图形的布局,如图 5-21 所示,直接选中原来的 SmartArt 图形,切换到"SmartArt 工具-设计"选项卡,在布局库

教学视频

中选择所需的布局即可。若需更多布局样式,可以单击"其他布局"按钮,在弹出的对话框中再作选择。

图 5-20 "SmartArt 样式"选项组

图 5-21 更改布局

2. 增减形状

SmartArt 中的形状数量除了会根据文本内容变化外,还能人为修改。如图 5-22 所示,只需选中 SmartArt 图形,在"SmartArt 工具-设计"选项卡中单击最左边的"添加形状"按钮,即可增加形状数量;若要删减某个形状,选中形状后按 Delete 键或者 Backspace 键即可。

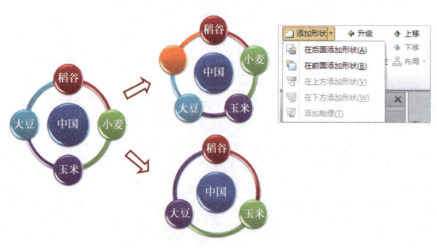

图 5-22 增减形状

第6章
让 PowerPoint 课件有声有色
——声音和视频

本章主要内容：
- 在PPT课件中应用声音和视频的概述
- 在PPT课件中应用声音
- 在PPT课件中应用视频

6.1 声音概述

随着多媒体技术的发展,课件制作技术也逐渐提高,单一的文字和图表已经无法满足课件辅助教学的需求。如果能够将多种听觉效果应用到课件中,这无疑会使演示文稿更具有感染力,给观者留下深刻的印象。

6.1.1 常见的声音文件格式

声音是多媒体课件不可缺少的元素,课件中优美的背景音乐、课文的领读、某个内容的解说、交互的提示音等都离不开声音的使用。PowerPoint 提供了对多种声音文件的支持,格式包括 WAV、MP3、MIDI 及 WMA 等,用户能够很方便地在课件中使用它们。

1. WAV 格式

WAV 是微软公司开发的一种声音文件格式,用于保存 Windows 平台的音频信息资源,被 Windows 平台及其应用程序所支持。这种音频格式文件的扩展名为.WAV。WAV 格式的声音文件质量和 CD 相差无几,也是目前 PC 上广为流行的声音文件格式,几乎所有音频编辑软件都"认识"WAV 格式。

由苹果公司开发的 AIFF(Audio Interchange File Format)格式和为 UNIX 系统开发的 AU 格式都和 WAV 非常相像,大多数音频编辑软件也都提供了支持。

2. MP3 格式

MP3 格式诞生于 20 世纪 80 年代的德国,所谓的 MP3,也就是 MPEG 标准中的音频部分,也就是 MPEG 音频层。MPEG 音频文件的压缩是一种有损压缩,相同长度的音乐文件,用 MP3 格式来储存,一般只有 WAV 文件的 1/10 大小,而音质要次于 CD 格式或 WAV 格式的声音文件。由于其文件尺寸小,音质好,所以在它问世之初还没有什么别的音频格式可以与之匹敌,因而 MP3 格式得以迅速发展。直到现在,这种格式还是很流行,主流音频格式的地位难以撼动。

MP3 格式压缩音乐的采样频率有很多种,可以用 64Kb/s 或更低的采样频率节省空间,也可以用 320Kb/s 的标准达到极高的音质。

3. MIDI 格式

MIDI(Musical Instrument Digital Interface)允许数字合成器和其他设备交换数据。MID 文件格式由 MIDI 继承而来,是一种计算机数字音乐接口生产的数字描述音频文件,扩展名为.mid。

MID 文件并不是一段录制好的声音,而是记录声音的信息,然后告诉声卡如何再现音乐的一组指令。这样一个 MID 文件每存 1 分钟的音乐只用 5～10KB。目前,MID 文件主要用于原始乐器作品、流行歌曲的业余表演、游戏音轨以及电子贺卡等。

专家点拨 MID 文件播放的效果完全依赖于声卡的档次。MID 格式的最大用处是在计算机作曲领域。MID 文件可以用作曲软件编写，也可以通过声卡的 MIDI 口把外接音序器演奏的乐曲输入电脑，制成 MID 文件。

4. WMA 格式

WMA(Windows Media Audio)格式是来自于微软的重量级选手，后台强硬，音质要强于 MP3 格式，更远胜于 RA 格式，它和日本 YAMAHA 公司开发的 VQF 格式一样，以减少数据流量但保持音质的方法来达到比 MP3 压缩率更高的目的。另外，WMA 还支持音频流（stream）技术，适合在网络上在线播放。其作为微软抢占网络音乐的开路先锋，可以说是技术领先、风头强劲。

6.1.2 获取声音素材的方法

要想在 PPT 课件中使用声音，首先要获取声音素材，声音素材的获取一般有网络下载、截取 CD 和自己录制等方法。

1. 网络下载

通过百度音乐搜索(http://music.baidu.com/)及类似搜索引擎，一般都能够采集到需要的各种各样的声音文件，如图 6-1 所示。

图 6-1　百度音乐搜索

2. 截取 CD

除了在网络上下载外，声音素材的最大来源就是利用软件直接从 DVD、CD 上获取。常用的截取声音的软件有音频解霸、QQ 音乐等。

3. 自己录制

对于一些搜集不到的声音素材，用户也可以自己利用计算机录制。一些常用的声音处理软件都可以进行声音的录制，例如 GoldWave、Audition 等。在录制声音时，为了得到比较满意的声音效果，建议选择质量较好的麦克风，在安静的环境中进行声音录制，录制时可以离麦克风远一些，或者用手帕包住麦克风头，这样可以有效减少噪声。

PowerPoint 2010 支持直接录制音频并插入幻灯片，如图 6-2 所示。

图 6-2　在 PPT 中直接录制音频

6.2　在 PPT 课件中应用声音

声音主要包括音乐和声效。声音是 PPT 课件的重要元素，在 PPT 课件中合理使用声音，可以增强课件的感染力，可使 PPT 课件由沉闷变得活跃，从而引导、刺激学生的学习兴趣。

6.2.1 插入声音

教学视频

PowerPoint 支持 WAV、MP3、MIDI、WMA 等十多种声音格式,使得在 PowerPoint 课件中引用声音文件变得十分方便。下面介绍在演示文稿中插入声音文件的方法。

1. 插入外部声音文件

① 选择要添加声音文件的幻灯片,在"插入"选项卡的"媒体"选项组中单击"声音"按钮,在弹出的下拉列表中选择"文件中的音频"命令,打开"插入音频"对话框,定位到相关声音文件所在的文件夹,选择相应的声音文件,如图 6-3 所示。

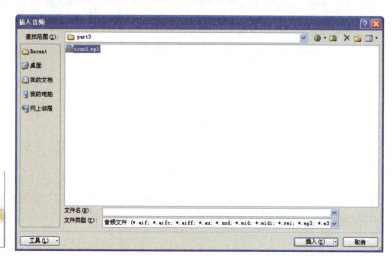

图 6-3 插入外部声音文件

② 单击"插入"按钮,即可将声音文件插入幻灯片。幻灯片上会出现一个声音图标(小喇叭),表示声音文件已经插入幻灯片。单击这个声音图标,下面会出现播放控制条,如图 6-4 所示。

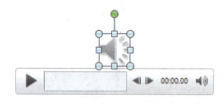

图 6-4 插入幻灯片中的声音图标

2. 插入剪贴画中的声音

PowerPoint 自带了一个媒体剪辑库,提供了声音媒体类型。选择要添加声音的幻灯片,在"插入"选项卡的"媒体"选项组中单击"声音"按钮,在弹出的下拉列表中选择"剪贴画音频"命令,打开"剪贴画"任务窗格,在其中会列出安装的自带声音文件(用户也可以在其中搜索声音文件),单击声音文件图标,即可将其插入幻灯片。

6.2.2 声音的编辑

教学视频

声音文件插入幻灯片以后,单击小喇叭图标,功能区会出现一个"音频工具"选项卡,单击其中的"播放"标签切换到对声音进行编辑的功能区,如图 6-5 所示,可以对声音进行裁剪、设置淡入淡出效果、设置音量以及其他的声音设置。

图 6-5 "音频工具-播放"功能区

6.2.3 英语单词指点领读

在英语课上,老师经常需要通过录音来领读。如图 6-6 所示的 PPT 课件,教师单击英语单词后面的小喇叭图标,即可播放对应的朗读音。

教学视频

这个课件范例制作比较简单,插入图片并输入文字后,直接插入相应的英语单词朗读声音文件即可。如果是 PowerPoint 2007 以前的版本,插入外部声音文件时,会出现如图 6-7 所示的对话框,单击"自动"按钮,幻灯片放映时声音会自动播放而无须操作者干预。单击"在单击时"按钮,幻灯片播放时,则需单击声音图标才会播放声音。

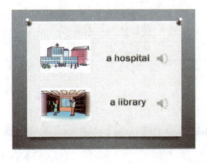

图 6-6 英语单词指点领读

图 6-7 信息提示对话框

在制作英语课件时,可以利用一些词典软件,如金山词霸、有道词典等,用复制的方法快速复制音标。英语单词的朗读声音也可以利用录音软件直接录制金山词霸中的读音,然后再插入 PPT。

6.2.4 为对象添加提示音

在多媒体课件中,为了强调某些内容,或者吸引学生的注意力,可以为对象添加一些提示音;也可以使用声音反馈,在回答正确后给出鼓励的掌声等。

教学视频

1. 自定义动画中的提示音

选中要添加提示音的对象,在"动画"选项卡中进行相关设置可以为其添加动画效果。比如"放大/缩小",单击"动画窗格"按钮打开"动画窗格"面板,双击其中的动画选项打开"放大/缩小"对话框,在"效果"选项卡中设置即可,如图 6-8 所示。

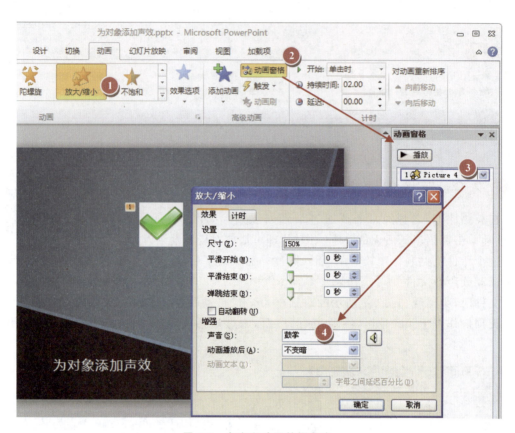

图 6-8 自定义动画的提示音

2. 动作设置中的提示音

选中要添加提示音的对象,在"插入"选项卡中单击"动作"按钮,打开"动作设置"对话框,切换到"鼠标移过"选项卡,勾选"播放声音"复选框,在下拉菜单中选择一种声音效果,比如"鼓掌",如图 6-9 所示。

图 6-9 "动作设置"对话框

不管是自定义动画中的提示音,还是动作设置中的提示音,除了选择系统提供的一些声音效果以外,还可以自定义声音效果,但是这里的声音文件只支持 WAV 格式。

6.2.5　控制声音的播放

在播放课件时,常常需要对声音的播放进行控制,即在需要的时候让它播放,在不需要的时候让其停止。这种交互效果需要通过为声音的播放指定触发器来实现。在 PowerPoint 中,触发器是幻灯片中的一个对象,单击这个对象能够触发相应的动作,如动画的播放和声音的播放等(有关触发器的详细内容请参看第 9 章的相关内容)。

如图 6-10 所示的 PPT 课件,在幻灯片中插入了音乐,并且创建了 3 个按钮图形。如果用这 3 个按钮图形控制音乐的播放,可以按照以下方法进行操作。

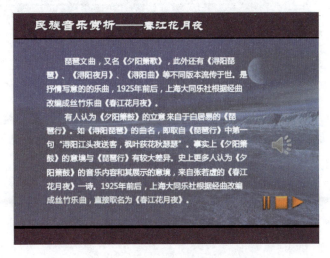

图 6-10　《春江花月夜》PPT 课件

① 选中小喇叭图标,在"音频工具-播放"选项卡的"音频选项"选项组中,勾选"放映时隐藏"复选框。

② 切换到"动画"选项卡,在"动画"选项组的列表框中选择"播放",然后单击"触发"按钮,在弹出的菜单中选择"单击"命令,然后在下拉列表中选择一个触发对象,这里是"播放"按钮,如图 6-11 所示。

③ 在"动画"选项卡单击"添加动画"按钮,在弹出的下拉菜单中选择"停止"命令,再单击"触发"按钮,在弹出的菜单中选择"单击"命令,然后在下拉列表中选择一个触发对象,这里是"停止"按钮。

④ 对声音控制暂停功能的制作方法类似,这里不再赘述。

6.2.6　为 PPT 课件添加背景音乐

在默认情况下,插入幻灯片的声音会在切换到下一张幻灯片时自动停止

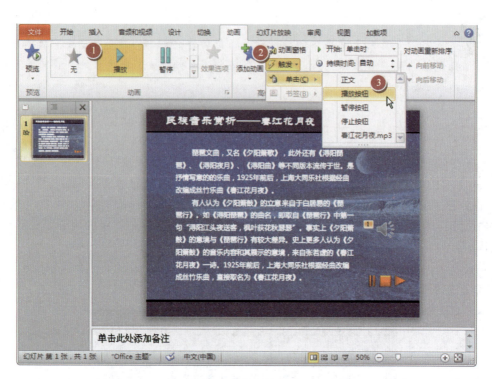

图 6-11 定义触发器

播放。如果是作为背景音乐使用,则需要音乐能够一直播放,直到退出演示文稿。此时,就需要将音乐设置为跨幻灯片播放。另外,插入幻灯片中的音乐默认情况下只能在本幻灯片中播放一次,如果需要音乐一直播放,则应该将其设置为循环播放。

以图 6-10 所示的《春江花月夜》PPT 课件为例,这个课件包括 4 张幻灯片,在第一张幻灯片上插入外部的音乐文件,然后选中小喇叭图标,在"音频工具-播放"选项卡的"音频选项"组中勾选"放映时隐藏"和"循环播放,直到停止"复选框,然后在"开始"下拉列表中选择"跨幻灯片播放"选项,如图 6-12 所示。这样设置以后,背景音乐就可以从第一张幻灯片开始一直播放,直到幻灯片全部播放完为止。

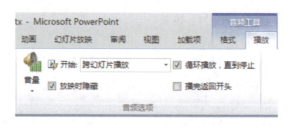

图 6-12 设置音频选项

如果要自由控制声音播放的起始幻灯片和终止幻灯片,需要在自定义动画中控制声音的播放,具体操作方法如下。

① 在需要播放声音的起始幻灯片插入声音文件。根据需要可以选择自动播放,或者单击播放。

② 在"动画"选项卡的"高级动画"选项组中单击"动画窗格"按钮打开"动画窗格"面板

单击声音选项右侧的箭头按钮,在弹出的菜单中选择"效果选项"命令。

③ 此时将打开"播放音频"对话框,在"停止播放"选项栏中可以设置音乐从当前幻灯片起播放多少张幻灯片后停止,如图 6-13 所示。

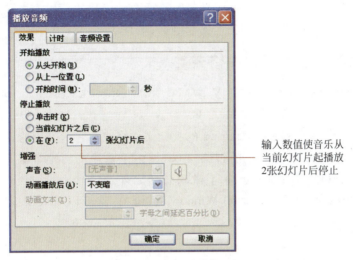

输入数值使音乐从当前幻灯片起播放2张幻灯片后停止

图 6-13 "播放音频"对话框

6.2.7 录制和使用旁白

教学视频

PowerPoint 可以为课件中指定的某张幻灯片或全部幻灯片添加录音旁白,使用旁白可以为课件的内容添加解说,能够起到在放映状态下对某些问题额外说明的作用。同时,旁白也能增强基于网络或自动运行的课件的放映效果,例如将课件保存为视频文件上传到网上,为了获得较好的教学效果,同时使课件更加生动,旁白就是必需的。PowerPoint 2010 提供了录制幻灯片演示功能,该功能除了能够记录演示的时间,还可以记录演示时的标注和旁白。

在"幻灯片放映"选项卡的"设置"选项组中单击"录制幻灯片演示"按钮上的下三角按钮,在打开的列表中选择录制的方式为"从头开始录制",如图 6-14 所示,打开"录制幻灯片演示"对话框,如图 6-15 所示,在其中勾选相应的复选框选择录制的内容,然后单击"开始录制"按钮即可开始录制。

图 6-14 选择"从头开始录制"选项

图 6-15 "录制幻灯片演示"对话框

这里要注意,如果要录制旁白,麦克风必须可用。录制成功后在幻灯片上将会显示声音图标,通过声音图标可以对旁白进行预览或重新录制。

6.3 视频概述

在多媒体课件中，视频以其直观、生动等特点而得到广泛的应用。视频信息是连续变化的影像，通常是对实际场景的动态演示，比如电影、电视、摄像资料等。

6.3.1 常见的视频文件格式

目前，视频格式众多，有 AVI、MOV、WMV、MP4、RM、FLV、MPEG/MPG 等。

1. AVI

AVI 文件格式是 Video for Windows 的视频文件格式。它所采用的压缩算法没有统一的标准。虽然都是以 .AVI 为后缀的视频文件，但由于采用的压缩算法不同，需要相应的解压软件才能识别和回放该文件。除了微软公司之外，其他公司也推出了自己的压缩算法，只要把该算法的驱动（Codec）加到 Windows 系统中，就可以播放用该算法压缩的 AVI 文件。

2. MOV

MOV 文件格式是 Apple 公司开发的专用视频格式，只要在 PC 上安装了 QuickTime 软件，就能正常播放。它具有跨平台、存储空间小的技术特点，采用了有损压缩方式的 MOV 格式文件画面效果较 AVI 格式要稍微好一些。它可以被 Premiere Pro 等非线编辑软件使用。

3. RM

随着宽带网络的普及，RM 格式的文件在网络上大行其道，RM 格式文件是一种网络实时播放文件，它压缩比大，失真率小，已经成为最主流的网络视频格式。RM 格式的文件需要专门的 Realplayer 软件来播放，现在的主流软件是 RealPlayer 10 和 Real One Player。

4. MPEG/MPG

MPEG 文件格式是视频压缩的基本格式，在计算机和视频制作中非常流行。它采用了一种将视频信号分段取样的压缩方法，压缩比较大。时下最流行的 VCD 的视频文件中以 .dat 为后缀名的文件其实就是一种 MPEG 文件，如果将它的后缀名直接改为 .mpg，就可以使用 Media Player 直接播放。时下流行的大部分视频编辑软件都可以直接将 .dat 和 .mpg 文件作为素材导入项目文件。

5. FLV

FLV 是 Flash Video 的简称，FLV 流媒体格式是一种新的视频格式。由于它形成的文件极小，加载速度极快，使得网络在线观看视频文件成为可能，它的出现有效地解决了视频文件导入 Flash 后，导出的 SWF 文件体积庞大，不能在网络上很好地使用等缺点。FLV 文件体积小巧，清晰的 FLV 视频 1 分钟大小在 1MB 左右，一部电影在 100MB 左右，是普通视频文件体积的 1/3。再加上 CPU 占有率低、视频质量良好等特点，使其在网络上盛行。目前各在线视频网站均采用此视频格式，如新浪博客、56、土豆、酷 6 等，无一例外。FLV 已经成为当前视频文件的主流格式。

6.3.2 获取视频素材的方法

获取视频素材的方法主要包括网络下载、自己拍摄、截取 DVD 等,下面分别介绍。

1. 网络下载

目前,视频门户网站十分流行,例如优酷、土豆等视频网站都提供了大量的视频素材,这些视频大部分都是 FLV(Flash Video)格式的文件。要想获取这些视频素材,可以使用专业的 FLV 视频下载软件,例如狂雷高清 FLV 视频下载、维棠 FLV 视频下载等软件。

另外,利用 IE 浏览器的缓存也可以轻松获取网络视频。在网络上使用 IE 浏览器浏览过的任何多媒体内容,如图片、音乐、Flash 动画以及视频,都会保存在 IE 浏览器的缓存中,也就是 IE 的临时文件夹中。具体查找操作步骤如下。

① 在 IE 浏览器窗口中选择"工具"|"Internet 选项"命令,打开"Internet 选项"对话框,如图 6-16 所示。

② 在"浏览历史记录"选项栏中单击"设置"按钮,打开"Internet 临时文件和历史记录设置"对话框,如图 6-17 所示。单击"查看文件"按钮,即可打开 IE 浏览器的临时文件夹,在其中就可以搜寻自己需要的视频文件。

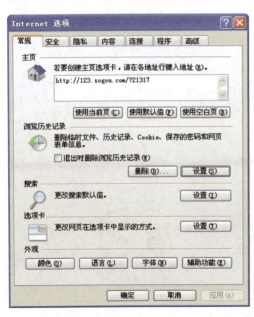

图 6-16 "Internet 选项"对话框

图 6-17 "Internet 临时文件和历史记录设置"对话框

2. 自己拍摄

目前,数字视频的应用越来越广泛,利用 DV 或者智能手机就可以轻松拍摄一些自己需要的视频素材,如图 6-18 所示。

3. 截取 DVD

如果只要截取 VCD 或者 DVD 中的某一段画

图 6-18 DV 和智能手机

面,可以使用豪杰超级解霸或者 QQ 影音软件。只要是可以播放的视频文件,不管什么格式,打开播放后,首先选择录取区域,再选择开始点、结束点,最后将录像指定为 MPG 或 MPV 文件即可。

> **专家点拨**　Camtasia Studio 是一款专门捕捉屏幕影音的工具软件。它能在任何颜色模式下轻松地记录屏幕动作,包括影像、音效、鼠标移动的轨迹、解说声音等。只要是计算机屏幕上播放的影像或者是操作者的操作步骤,都可以使用该软件保存为视频文件,特别方便。

6.3.3　视频格式的转换

很多视频格式并不能支持插入 PowerPoint,因此在使用视频时应当清楚自己的视频素材是什么格式的,如果不能直接插入 PPT,还需要进行视频格式转换。

视频格式转换软件特别多,可以从网络搜索并下载。这里推荐一款很好用的数字视频格式转换工具——格式工厂(Format Factory),如图 6-19 所示。它支持几乎所有视频格式文件的相互转换,使用起来也十分简单。

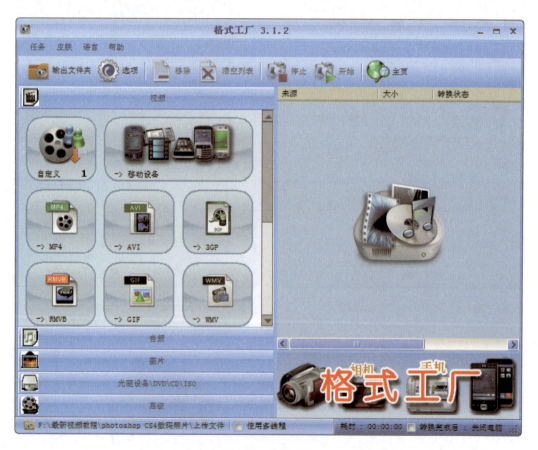

图 6-19　格式工厂

最好将视频文件格式转换为 AVI 或者 WMV，这样可以保证课件可以在更多的计算机上正常播放。

6.4 在PPT课件中应用视频

PowerPoint 提供了对视频的很好支持，能够方便地向幻灯片中添加视频，以丰富演示文稿的内容。PowerPoint 可支持 AVI、CDA、MPG、MPE、MPEG 和 ML 等常见格式的视频文件。

6.4.1 直接插入视频

在 PPT 课件中，视频的插入、设置和控制方法与声音的使用方法是基本相同的。

① 打开需要插入视频的幻灯片，在"插入"选项卡中单击"视频"按钮上的下三角按钮，在打开的菜单中选择"文件中的视频"命令，然后在打开的"插入视频文件"对话框中选择需要插入的视频文件。

② 单击"插入"按钮，视频即被插入当前幻灯片。插入幻灯片中的视频文件的播放窗口的大小和位置是可调整的。拖动边框上的控制柄，可改变视频播放窗口的大小；拖动整个播放窗口，可改变视频播放的位置；单击幻灯片中的视频对象，可在幻灯片中播放视频文件，预览其播放效果，如图 6-20 所示。

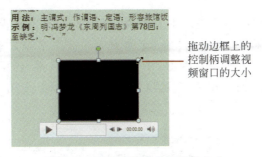

图 6-20　调整视频播放窗口的大小

③ 在"格式"选项卡中单击"视频样式"组中的"其他"按钮，在打开的列表中选择视频样式应用于选择的视频，如图 6-21 所示。

④ 在"播放"选项卡的"视频选项"组中勾选"全屏播放"复选框，如图 6-22 所示。此时，进入幻灯片放映视图后，影片将全屏播放。

勾选"循环播放，直到停止"复选框，在幻灯片放映过程中，影片将会自动循环播放，直到放映下一张幻灯片或停止幻灯片放映为止。

勾选"播完返回开头"复选框，当影片播放完后，画面将停留在第 1 帧，否则影片将停留在影片的最后一帧。

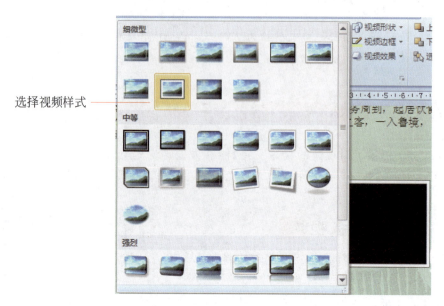

图 6-21　对视频应用视频样式

图 6-22　设置影片全屏播放

勾选"未播放时隐藏"复选框，在幻灯片放映过程中会自动隐藏视频播放窗口。

另外，这里与声音一样，可以通过"音量"列表中的选项来设置视频的播放音量。使用"编辑"组中的命令，可以对视频进行裁剪，并为视频添加淡入淡出效果。

在"开始"下拉列表中选择"单击时"选项，则幻灯片放映时，单击视频播放窗口才可以开始视频播放，如图 6-23 所示。

图 6-23　设置视频播放的开始方式

6.4.2　利用视频控件插入视频

在 PowerPoint 中，除了可以直接插入视频文件外，还可以利用 Windows Media Player 控件（简称 WMP 控件）来插入视频。对于用此方法插入的视频，课件操作者能够随心所欲地进行播放操作。

教学视频

1. 插入 Windows Media Player 控件

① 在 PowerPoint 2010 的"文件"菜单中选择"选项"命令，打开"PowerPoint 选项"对话

框,在左侧窗格选择"自定义功能区"项,然后在右侧窗格勾选"开发工具"复选框,如图 6-24 所示。

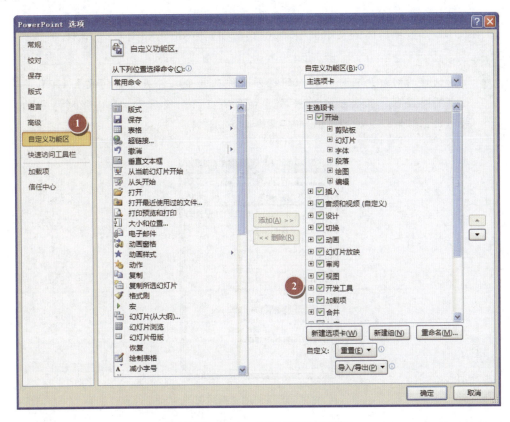

图 6-24 "PowerPoint 选项"对话框

② 选中需要插入视频的幻灯片,切换到"开发工具"选项卡,单击"其他控件"按钮,弹出"其他控件"对话框,选择 Windows Media Player 选项,如图 6-25 所示。

③ 在工作区中拖出一个 Windows Media Player 控件,此时各播放控制按钮都无效,呈灰色显示。调整视频控件的尺寸和位置,如图 6-26 所示。

图 6-25 选择 Windows Media Player 控件

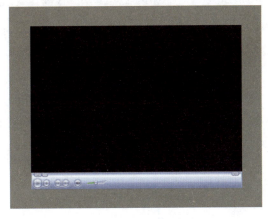

图 6-26 插入 Windows Media Player 控件

2. 设置 Windows Media Player 控件属性

① 选中 Windows Media Player 控件后右击，在弹出的快捷菜单中选择"属性"命令，打开"属性"对话框。

② 在 URL 参数项后面的文本框中输入"宾至如归.wmv"，如图 6-27 所示。

制作的幻灯片文件与插入的视频文件在一个文件夹下时，设置 URL 参数可以省略路径，直接输入文件名；如果不在同一目录下，要以绝对路径的方式写出，例如"E:\素材\part6\宾至如归.wmv"。

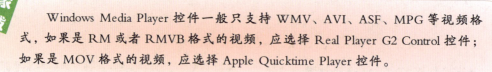

图 6-27 设置播放的视频文件

③ 此时，放映当前幻灯片，将看到一个 Windows Media Player 播放器，通过播放器上的控制按钮，可以很轻松地控制视频的播放。

Windows Media Player 控件一般只支持 WMV、AVI、ASF、MPG 等视频格式，如果是 RM 或者 RMVB 格式的视频，应选择 Real Player G2 Control 控件；如果是 MOV 格式的视频，应选择 Apple Quicktime Player 控件。

6.4.3 控制视频的播放

在 PPT 课件中控制视频播放的方法和控制声音的播放一样，也可以通过将幻灯片中的对象设定为触发器来实现。用户可以在 PPT 课件中设计 3 个按钮，然后在这 3 个按钮上定义触发器，分别对视频的播放、暂停和停止进行控制。

教学视频

第7章
让 PowerPoint 课件更生动
——动画

本章主要内容：
- 动画概述
- PowerPoint中的动画设计技巧
- 动画应用典型范例

7.1 概述

动画使得多媒体课件更加生动,富于表现力。在多媒体课件的开发中,动画的应用可小到某个对象、物体或者字幕的运动,大到一段动画演示、多媒体课件的片头片尾动画的设计制作等。

英国动画大师约翰·海勒斯(John Halas)对动画有一个精辟的定义:"动作的变化是动画的本质。"动画由很多内容连续但各不相同的画面组成,由于每幅画面中的对象位置和形态各不相同,在连续观看时,给人以活动的感觉。例如人物走动的动画一般可利用 6 幅(或者 8 幅)各不相同的人物画面组成,如图 7-1 所示。

图 7-1 组成人物走路动画的 6 幅画面

动画之所以成为可能,是利用了人类眼睛"视觉残留"的生物现象。人在看物体时,物体在大脑视觉神经中的停留时间约为 1/24s,如果每秒更替 24 幅或更多的画面,那么,前一个画面在人脑中消失之前,下一个画面就进入人脑,从而形成连续的影像。

毫无规律和杂乱的画面不能构成真正意思上的动画,构成动画必须遵循一定的规则。主要包括以下 3 个规则。

(1) 由多个画面组成,并且画面必须连续。

(2) 画面之间的内容必须存在差异,比如在位置、形态、颜色、亮度等方面有所差异。

(3) 画面表现的动作必须连续,即后一幅画面是前一幅画面的继续。

根据动画反映的空间范围,动画分为二维动画和三维动画。目前制作二维动画最流行的软件是 Flash,利用它可以制作效果丰富的动画效果。在 PPT 课件中插入 Flash 动画,可以增强课件的表现力。

用户也可以在 PowerPoint 软件直接制作动画,和其他软件所不同的是,PowerPoint 中的动画都是已经设计好的,直接应用即可。在 PowerPoint 中,系统支持进入(38 种)、强调(24 种)、退出(38 种)和自定义路径(63 种)4 种类型的动画,共 163 小类,利用这些组合,可以制作多种动画效果。

7.2 PowerPoint 中的动画设计技巧

在制作 PPT 课件的时候,动画的设计包括两个方面:一是在幻灯片之间添加动画切换效果;二是为幻灯片上的元素添加动画效果。

7.2.1 在幻灯片之间添加动画切换效果

教学视频

幻灯片切换效果是在"幻灯片放映"视图中从一个幻灯片移到下一个幻灯片时出现的类似动画的效果,用户可以控制每个幻灯片切换效果的速度,还可以添加声音。

向 PPT 课件中的幻灯片添加动画切换效果的步骤如下。

① 在包含"大纲"和"幻灯片"选项卡的窗格中切换到"幻灯片"选项卡。

② 单击某个幻灯片缩略图。

③ 在"切换"选项卡定义幻灯片之间的切换效果,如图 7-2 所示。

图 7-2 "切换"功能区

7.2.2 为幻灯片上的元素添加动画效果

教学视频

若要对幻灯片中的某个元素添加动画效果,一般可以按照以下步骤进行。

1. 定义动画类型

① 在幻灯片编辑区选中需要添加动画效果的对象。

② 切换到"动画"选项卡,为对象添加动画效果,如图 7-3 所示。

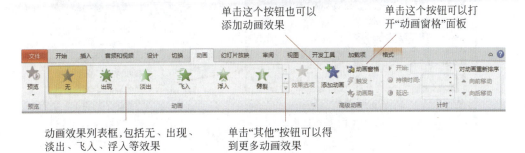

图 7-3 "动画"功能区

PowerPoint 提供的动画效果包括进入、强调、退出和路径 4 大类。

- 进入动画:设定对象出现的方式。
- 强调动画:设定对象变化的方式,一般包括设置大小、颜色、闪烁等。
- 退出动画:设定对象消失的方式。
- 路径动画:设定动画运动的路径。

2. 设置动画同步方式

在 PowerPoint 中,用户可以在"动画窗格"面板中设置动画的同步方式,包括单击开始、从上一项开始和从上一项之后开始,如图7-4所示。

(1) 单击开始:只有在单击时,动画才开始播放。

(2) 从上一项开始:与上一动画同步,用于动画效果的叠加。也就是可以实现两个或多个动画同步开始播放。

(3) 从上一项之后开始:在前一个动画结束后开始此动画的播放。

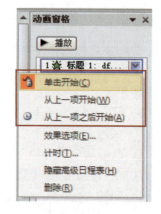

图7-4 设置动画的同步方式

 除了在"动画窗格"面板中设置动画的同步方式外,还可以在"动画"选项卡"计时"组中的"开始"下拉列表中进行选择。

3. 设置动画持续时间

为幻灯片中的某个对象添加动画效果后,选中这个对象,可以在"动画"功能区的"计时"组中设置动画持续的时间以及动画的延迟时间,如图7-5所示。

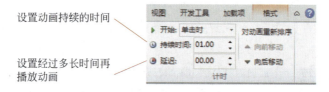

图7-5 在"计时"组中设置动画持续时间

用户也可以在"动画窗格"面板中选择"计时"命令设置动画的持续时间,如图7-6所示。

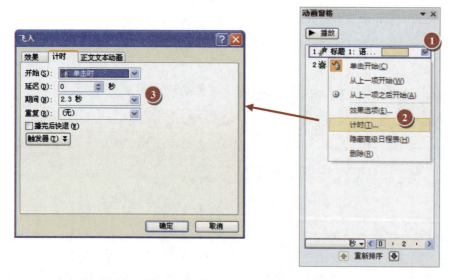

图7-6 在"动画窗格"面板中设置动画的持续时间

"动画窗格"面板中提供了一个高级日程表,将鼠标指针放置到动画选项的时间条上将会获得动画开始时间和结束时间的提示,拖动时间条可以改变动画的持续时间和延迟时间,如图7-7所示。

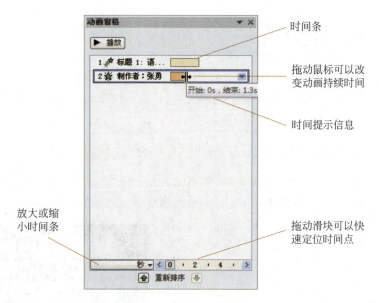

图 7-7　高级日程表

4. 设置动画效果和细节

为幻灯片中的某个对象添加动画效果以后，可以进一步设置动画效果和细节，如图 7-8 所示。

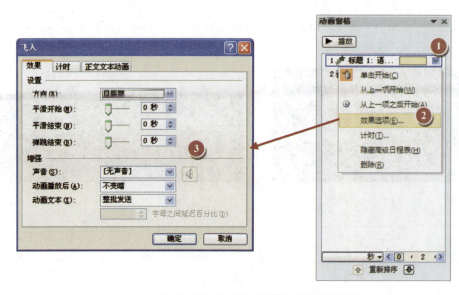

图 7-8　在"动画窗格"面板中设置动画效果和细节

对于不同的动画类型，在"动画窗格"面板中选择"效果选项"命令后弹出的对话框中的参数是不一样的。

7.3 动画应用典型范例

动画具有形象、生动和直观的特点,在教学课件中使用动画,能够直观地描述对象运动规律,展示事件的变化过程,表现对象之间的关系特征。使用动画能够方便地突出学习内容的关键点,减少学习过程中不必要的干扰。

7.3.1 进入动画的应用——凹面镜的性质

进入动画是指对象在幻灯片放映过程中进入放映屏幕的动画效果。本范例利用进入动画制作介绍凹面镜性质的演示动画,最终播放效果如图7-9所示。

幻灯片放映时,3条光线从右向左射向凹面镜,然后它们的反射光线汇聚于一点,接着出现交点字母和课件的结论文字。为了增强视觉效果,光路图中的光线制作为蓝色辉光光线,这一效果是通过为图形添加发光和柔化边缘效果获得的。

本范例PPT的主要制作步骤如下所述。

① 绘制凹面镜和光线,给这两个图形添加蓝色的发光效果,并且柔化边缘,如图7-10所示。

② 复制一个光线图形,将其设置成无边框的黑色填充图形,然后与原来的光线对齐,如图7-11所示。按"Ctrl+G"快捷键将它们组合为一个对象。

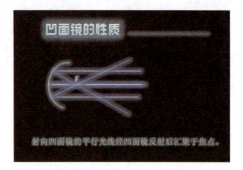

图7-9 凹面镜性质的演示动画

图7-10 绘制凹面镜和光线

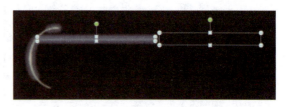

图7-11 复制光线

专家点拨 光线的射入和反射效果需要利用光线的一个端点向另一个端点的延伸效果来展示,因此需要使光线的一个端点成为动画对象的中点。达到这一目的的方法也很简单,那就是复制光线图形,然后将其颜色设置为与背景完全相同。这样该图形将在幻灯片中不可见,将其端点与光线的端点放在一起后组合为一个对象,则最终可见的光线的一个端点就是组合图形的中点。

③ 在"动画"选项卡为组合对象添加一个"劈裂"动画效果,并设置"中央向左右展开"效果,如图7-12所示。

④ 复制2个组合图形。同时选择这2个图形,在"动画"选项卡的"计时"组中将"开始"

设置为"与上一动画同时"。这样,入射光线的进入动画效果制作完成。

⑤ 将组合图形再复制一个,并旋转角度,将其放置在第一条光线与镜面的相交处。在"动画"功能区的"计时"组中将"开始"设置为"上一动画之后"。这样,动画将在前面3条入射光线动画完成后自动开始。

⑥ 分别复制第二条和第三条入射光线,将它们适当旋转,并将它们放置到入射光线与镜面的交叉点处,使它们的终点与交叉点重合,如图7-13所示。

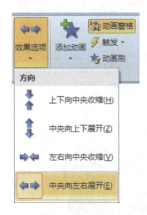

图7-12 选择"中央向左右展开"选项

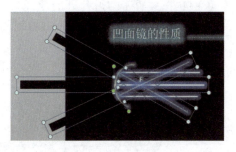

图7-13 三条反射光线

⑦ 右击幻灯片中的凹透镜,选择快捷菜单中的"置于顶层"命令将其放置到顶层。

7.3.2 退出动画的应用——轴对称图形

退出动画是幻灯片中的对象退出屏幕时的动画效果。本范例利用退出动画和进入动画制作轴对称图形演示课件,效果如图7-14所示。

本范例综合使用进入和退出动画效果实现在一张幻灯片中依次显示多张图片。幻灯片在播放时,将依次显示6张图片,使用鼠标单击来控制图片的切换,图片以动画形式出现和消失。

教学视频

图7-14 演示课件

由于使用了进入动画效果的对象在幻灯片中是从无到有,而使用了退出动画效果的对象在幻灯片中是从有到无,所以对同一个对象依次使用进入和退出动画效果,即可实现对象在幻灯片中从无到有然后再消失的过程。

本范例主要制作步骤如下。

① 在 PowerPoint 中插入 6 张素材图片,设置图片的样式和尺寸。

② 将图片拖放到幻灯片的外部,只保留要显示的第一张图片。

③ 选择放置在幻灯片中的图片,将其适当旋转。为其添加一个"回旋"进入动画效果,将"开始"设置为"单击时",将"持续时间"设置为 1 秒。再为其添加一个"螺旋飞出"退出动画效果。

④ 依次选择放置于幻灯片外的图片,将它们分别旋转不同的角度。使用同样的方法根据图片出现的顺序依次为这些图片添加相同的进入和退出效果,如图 7-15 所示。

图 7-15　依次为图片添加动画效果

⑤ 将所有图片同时选中,在"格式"选项卡的"排列"选项组中单击"对齐"按钮,在打开的菜单中选择"左右居中"命令。然后再次打开该菜单选择"上下居中"命令。此时所有图片将会集中在一起放置,它们的几何中心将重合。然后将这些图片放置到幻灯片的适当位置,如图 7-16 所示。

图 7-16　放置对齐操作后的图片

在制作课件时,往往需要为多个对象添加相同的动画效果。如果一个一个地创建,效率会很低。实际上,PowerPoint 2010 提供的"动画刷"工具 ★ 动画刷 能够快速实现动画效果的复制。

7.3.3 强调动画的应用——单摆

教学视频

强调动画是为了突出幻灯片中某部分内容而设置的特殊动画效果。本范例将利用强调动画制作一个单摆演示动画，如图 7-17 所示。

在播放幻灯片时单击，幻灯片中的单摆开始往复摆动，第一次摆出时，会随着单摆出现虚线单摆来标示关键位置。在单摆完成第一个半周期的摆动后，幻灯片中出现说明文字。

本范例主要制作步骤如下。

① 在 PowerPoint 中利用绘图工具绘制单摆图形，如图 7-18 所示。

> PowerPoint 2010 没有提供直接制作单摆效果的动画方式，但可以通过使用"强调"动画效果中的"陀螺旋"动画来制作单摆效果。"陀螺旋"动画能够实现对象绕中心做圆周运动的动画效果，由于其旋转的中心是对象的几何中心，所以这里将绘制的单摆复制一个，取消复制对象的轮廓线和形状填充，使其不可见。将这个不可见图形与单摆图形对齐放置后组合，获得的组合对象的中心就是单摆的端点。

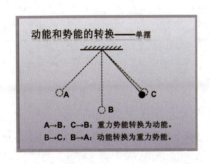

图 7-17 《单摆》PPT 课件效果

图 7-18 绘制单摆图形

② 在幻灯片中选择单摆，打开"设置形状格式"对话框，在"大小"栏中设置对象的旋转角度，这里使单摆旋转 45°。

③ 为单摆添加"陀螺旋"强调动画效果。在"动画窗格"面板中双击动画选项打开"陀螺旋"对话框，在"数量"下拉列表中选择"90°逆时针"选项，在"平滑开始"和"平滑结束"微调框中输入时间值 1 秒，同时勾选"自动翻转"复选框，如图 7-19 所示。

> 为了使动画效果尽量符合单摆的运动规律，动画过程中需要单摆图形能够有一个缓动的变化过程。要实现这样的动画效果，必须在"陀螺旋"动画设置对话框的"效果"选项卡中对"平滑开始"和"平滑结束"的时间进行设置。

> 在课件中,为单摆图形添加了"陀螺旋"动画效果,设置动画的旋转角度后只能获得对象从起点到终点的动画效果。单摆摆动一个周期的动画效果应该是从起点到终点再到起点,单摆图形运动到终点后需要其能够自动以动画的形式回到起点,要实现这样的动画过程,需要在"陀螺旋"动画设置对话框的"效果"选项卡中勾选"自动翻转"复选框。

④ 在"陀螺旋"对话框中切换到"计时"选项卡,在"开始"下拉列表中选择"单击时"选项设置动画开始的方式,在"期间"下拉列表中选择"中速(2秒)"选项设置动画的速度,在"重复"下拉列表中选择"直到幻灯片末尾"选项使动画一直播放,如图7-20所示。

图 7-19 设置动画效果

图 7-20 设置动画时间

⑤ 在单摆第一个半周期内,需要随着单摆出现标示动能和势能转换位置的虚线单摆。这些虚线单摆的出现可以使用"进入"动画效果使其在单摆运动到转换位置时再出现。为了实现随单摆运动出现的效果,需要为虚线单摆的进入动画设置"延迟"时间,使它们的出现与单摆图形的动画同步。这种制作方法同样适用于本范例中说明文字的进入动画效果。

7.3.4 路径动画的应用——模拟雪花飘落

在制作一些文科课件时,有时需要创造一些情景,比如雪花飘落、蝴蝶飞舞等。在PPT中,可以利用路径动画中的自定义路径功能来实现这种效果,如图7-21所示。

教学视频

本范例主要制作步骤如下所述。

① 绘制一个雪花图形并且选中它,为其添加"动作路径"动画类型中的"自定义路径"动画,然后在幻灯片编辑区绘制任意路径。

② 为了增强雪花飞舞的逼真性,可以为雪花添加"陀螺旋"强调动画效果。这个动画效果的持续时间要和路径动画相同,并且"开始"选项要设置成"与上一动画同时"。

③ 将雪花图形移到幻灯片的外边,让其从画面以外进入。

④ 根据需要,对路径进行移动或者编辑。

图 7-21 模拟雪花飘落

7.3.5 路径动画的应用——平抛运动

路径动画指的是使对象沿着路径进行运动的动画效果。PowerPoint 提供了大量预设路径供用户使用,同时用户也可以像编辑曲线那样对路径进行编辑。本范例利用路径动画制作一个模拟平抛运动实验的动画,如图 7-22 所示。

教学视频

在播放动画时,击锤落下击打钢片,此时将伴随有击打声;幻灯片中一个小球作自由落体运动,另一个小球作平抛运动。

本范例主要制作步骤如下。

① 击锤绕锤柄端点旋转一定的角度后击打钢片,这种旋转动画将使用"陀螺旋"动画效果来制作。因此,击锤图形需要制作一个组合对象,上边的对象设置成透明,如图 7-23 所示。

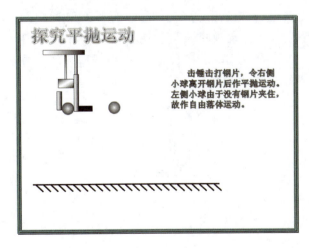

图 7-22 模拟平抛运动实验

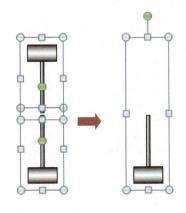

图 7-23 击锤图形

② 将击锤放置到钢片的左侧,使击锤正好和钢片接触。然后将其旋转一定的角度。为其添加"陀螺旋"强调动画,并设置动画声音为"锤打"。

③ 本范例中需要两个小球，一个放在钢片左侧，一个放在钢片右侧。在幻灯片中选择钢片左侧的那个小球，为其添加"动作路径"动画类型中的"直线"效果，此时幻灯片中会出现小球运动的动画路径。路径上的绿色箭头表示运动路径的起点，红色箭头表示运动路径的终点。使用鼠标拖动这两个箭头可以改变路径起点和终点的位置，这里将终点放置到表示地面的直线上，如图7-24所示。

④ 打开"向下"路径动画的设置对话框，在"效果"选项卡中将"平滑开始"设置为0.5秒；在"计时"选项卡中将"开始"设置为"上一动画之后"，将"期间"设置为"快速（1秒）"。

⑤ 选择钢片右侧的小球，为其添加"动作路径"动画类型中的"自定义路径"效果，在小球的中心处单击创建路径的起点，此时移动鼠标将获得跟随鼠标移动的直线。在幻灯片中单击创建路径顶点，在路径终点处双击添加端点完成路径的绘制，如图7-25所示。

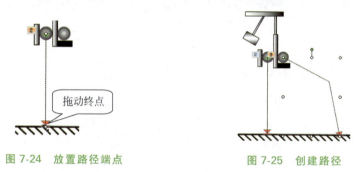

图7-24 放置路径端点　　　　　图7-25 创建路径

⑥ 右击绘制完成的路径，在快捷菜单中选择"编辑顶点"命令进入路径编辑状态。这里路径编辑的技巧与曲线绘制的技巧相同，拖动顶点可以改变路径。顶点同样分为平滑顶点、直线点和角部顶点3类。选择顶点后，拖动顶点两侧的控制柄可以改变路径。右击路径中间的顶点，选择快捷菜单中的"平滑顶点"命令，然后拖动顶点上的控制柄对路径进行调整，如图7-26所示。

⑦ 打开"自定义路径"动画的设置对话框，在"效果"选项卡中将"平滑开始"时间设置为0.5秒；在"计时"选项卡中将"开始"设置为"与上一动画同时"，将"期间"设置为"快速（1秒）"。然后在"动画"选项卡的"预览"选项组中单击"预览"按钮 ★ 预览动画，根据动画预览的效果对小球的路径和地面的位置进行调整，调整完成后的效果如图7-27所示。

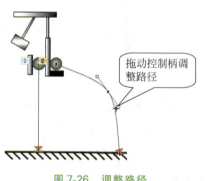 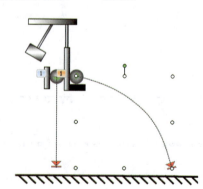

图7-26 调整路径　　　　　图7-27 调整路径和地面位置后的效果

7.3.6 路径动画的应用——卷轴动画

卷轴动画效果是一种常见的动画特效,随着画轴向左右两侧滚动,画面内容逐渐展开。很多课件的片头常采用卷轴动画效果呈现课件的标题。本范例将利用路径动画制作一个卷轴动画效果,如图7-28所示,主要制作步骤如下。

教学视频

图7-28 卷轴动画效果

① 制作卷轴动画,至少需要3个对象,分别为两个卷轴和一个展开画面。在PowerPoint中将这3个对象摆放整齐,并将两个卷轴放置于展开画面的上方。

② 分别为两个卷轴对象添加路径动画,运动路径设置为直线;然后为展开画面添加"劈裂"动画,效果为"中央向左右展开",如图7-29所示。

图7-29 设置3个对象的动画效果

③ 第1个卷轴对象的动画开始设置为"单击时",其他两个对象的动画开始设置为"与上一动画同时",3个对象的动画播放持续时间都设置为"2秒"。这样可以保证3个对象的动画同步播放。

④ 为了更加准确地控制时间和同步效果,取消"平滑开始"和"平滑结束"效果,如图7-30所示。

图 7-30 设置动画效果

⑤ 如果要实现卷轴动画效果从一侧展开的效果,可以使一个卷轴固定,另一个卷轴按照直线路径运动,并且用一个和展开画面同样尺寸的全透明矩形和展开画面组合,设置这个组合对象的"劈裂"动画效果为"中央向左右展开"。

⑥ 如果要呈现卷轴关闭的动画效果,可以绘制一个和幻灯片背景颜色相同的矩形作为遮盖图形,让这个遮盖图形沿直线路径运动。

7.3.7 高级日程表的应用——倒计时

Flash 动画的创作是基于时间轴的,用户能够方便地通过时间轴来调整对象动画之间的时间关系。实际上,PowerPoint 也具有一个和 Flash 类似的时间轴,那就是"动画窗格"窗口中的高级日程表。本范例将利用高级日程表制作一个倒计时的课件效果,如图 7-31 所示。

教学视频

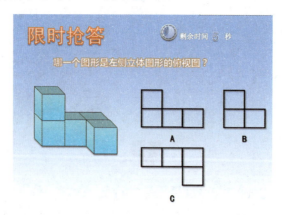

图 7-31 倒计时

在播放动画时,单击开始 10 秒倒计时。此时以数字的形式显示倒计时剩余时间,同时以 1 秒钟为周期显示圆盘扫描动画效果。

本范例主要制作步骤如下。

① 在幻灯片编辑区绘制一个圆形和一个表盘,并将它们居中对齐叠放在一起,为圆形添加"轮子"动画效果,如图 7-32 所示。

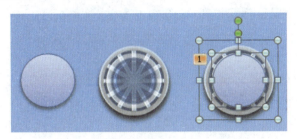

图 7-32　绘制对象并添加动画效果

② 在"轮子"动画设置对话框中切换到"计时"选项卡,在"期间"下拉列表中选择"快速(1 秒)"选项,在"重复"下拉列表中选择"10",如图 7-33 所示。因为本范例是 10 秒倒计时,所以这里设置该动画重复播放 10 次。

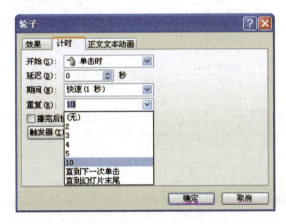

图 7-33　"计时"选项卡中的设置

③ 在幻灯片中插入艺术字"9",为其添加"进入"|"淡出"动画效果。在"动画"选项卡的"计时"选项组中,将"开始"设置为"与上一动画同时",在"持续时间"微调框中将动画的持续时间设置为 0.5 秒。

④ 接着为艺术字"9"添加"退出"|"淡出"动画效果。在"动画"选项卡的"计时"选项组中,将"开始"设置为"上一动画之后",将"持续时间"设置为 0.5 秒。

⑤ 将数字"9"复制 9 个,分别更改为数字 8～0,这些数字将具有与数字"9"相同的动画效果,如图 7-34 所示。同时选中所有数字,对它们先使用"左右居中"命令,然后使用"上下居中"命令,将这些数字中心对齐放置,如图 7-35 所示。

图 7-34　复制数字

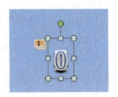

图 7-35　对齐数字

⑥ 在"动画窗格"面板中将鼠标指针放置到动画选项的时间条上将会获得动画开始和结束时间的提示,拖动时间条改变其位置可以改变动画的时间。这里拖动各个动画的时间条使它们在窗格中依次呈阶梯状排列,如图 7-36 所示。

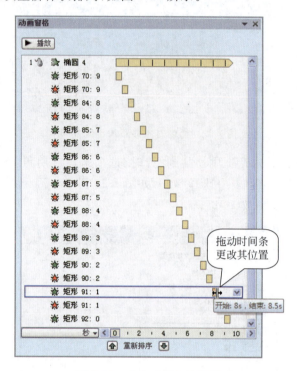

图 7-36　改变时间条的位置

⑦ 在"动画窗格"面板中选择数字"0"的退出动画选项,按 Delete 键取消该对象的退出动画效果,如图 7-37 所示。然后使用相同的方法将数字"9"的进入动画删除。

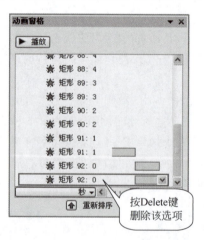

图 7-37　删除动画效果

⑧ 在幻灯片中输入文字"剩余时间"和"秒",调整时间盘、倒计时数字和新添加的文字之间的位置关系,效果满意后即完成本范例的制作。

利用制作本节范例类似的方法可以制作进度条动画效果,如图 7-38 所示。进度条在课件片头中应用广泛,可以模拟事物发展的进度,或者作为课件内容过渡的一种效果,也可以作为吸引学习者注意力的一种手段。

图 7-38 进度条

教学视频

7.3.8 制作汉字笔画描红动画

汉字笔画是低年级学生必须掌握的语文知识,教师在课件中经常用笔画描红动画来讲解这一知识。本范例将利用"擦除"动画效果和高级日程表制作一个汉字笔画描红课件,如图 7-39 所示,主要制作步骤如下。

① 在幻灯片编辑区输入一个汉字,字号要尽量大,颜色为白色。

② 在"插入"选项卡的"形状"下拉列表中选择"任意多边形"工具,然后沿着字的轮廓和书写笔画描出红色的笔画。然后右击笔画图形,在弹出的快捷菜单中选择"编辑顶点"命令,对描出的笔画进行编辑,使之将文字完全覆盖,如图 7-40 所示。

图 7-39 汉字笔画描红

图 7-40 绘制笔画

为了更加精确地绘制描红笔画图形，可以在绘制图形和编辑图形时放大幻灯片的显示比例。

③ 按照同样的方法绘制出其他全部笔画，如图 7-41 所示。

④ 按照正确书写笔画的顺序给每个笔画图形添加"进入"|"擦除"动画效果，注意要按照每个笔画正确书写的方向设置动画方向。

⑤ 除了第一个笔画动画的开始设置成"单击时"外，其他的动画开始效果都设置为"上一动画之后"。

⑥ 在"动画窗格"面板中拖动各个动画的时间条，使它们在窗格中依次呈阶梯状排列，如图 7-42 所示。

图 7-41　绘制出全部笔画

图 7-42　调整动画时间

7.3.9　在 PPT 课件中插入 Flash 动画

教学视频

许多教师在使用 PowerPoint 制作幻灯片课件时，一方面感到这个软件简单实用，另一方面也经常感到它在某些功能上具有局限性。结合 PowerPoint 与 Flash 制作多媒体课件是弥补 PowerPoint 功能不足的一种有效的方法，用户可以用 Flash 制作一些复杂的动画演示效果，然后将它们插入 PowerPoint 中进行应用。

PowerPoint 没有提供直接插入 Flash 动画（即 SWF 文件）的方法，用户可以利用 Active 控件将 Flash 动画插入 PowerPoint 课件。

① 如果使用的是 PowerPoint 2007 或者以上版本，首先要让 PowerPoint 的"开发工具"选项卡显示出来（具体方法请参看 6.4.2 节的相关内容）。

② 选中要插入 Flash 动画的幻灯片，切换到"开发工具"选项卡，单击"其他控件"按钮，弹出一个"其他控件"对话框，在其中选择 Shockwave Flash Object，如图 7-43 所示。

③ 单击"确定"按钮后，鼠标指针变成十字形状，在幻灯片编辑区自左上向右下拖动鼠标绘制一个矩形，插入 Flash 控件，如图 7-44 所示。

④ 在"开发工具"选项卡中单击"属性"按钮，在弹出的"属性"面板中设置 Height 为 400、Width 为 578、Movie 为"咏鹅.swf"，如图 7-45 所示。

图 7-43 "其他控件"对话框

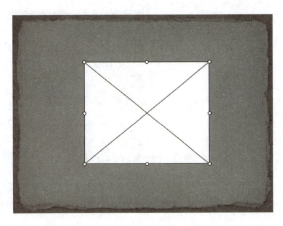

图 7-44 插入 Flash 控件

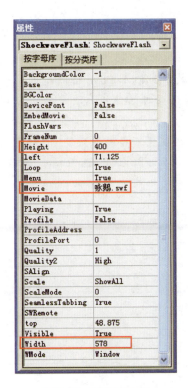

图 7-45 "属性"面板

> **专家点拨**　建议制作的 PPT 课件与插入的 Flash 动画存放在一个文件夹下，因为设置 Movie 参数时可以使用相对路径，直接输入文件名。注意，Flash 动画的文件名不要缺少 .swf。

⑤ 设置完成后，关闭"属性"面板，这时幻灯片上就会显示 Flash 动画效果，如图 7-46 所示。

图 7-46　Flash 动画效果

专家点拨

　　在 PPT 中插入 Flash 动画后,将课件移到其他电脑上有时会发现无法正常播放,这种情况大多是因为插入 Flash 动画时设置的 Movie 属性使用了绝对路径。如果在另一台电脑同样的位置上没有指定的 Flash 动画,PPT 肯定无法正常播放 Flash 动画。

　　为了避免因为路径设置不当而导致 Flash 动画无法播放的问题,可以在如图 7-45 所示的"属性"面板中将 EmBedMovie 属性设置为 True,其含义是将 Flash 动画嵌入 PPT。

第8章
PowerPoint 课件界面设计

本章主要内容：
- 课件界面设计概述
- 课件界面设计的基本原则
- 课件界面的布局技巧
- 让色彩影响学生
- 课件中常见页面的界面设计
- 设计界面的利器——母版

8.1 概述

课件界面的设计是制作课件的一个重要环节,课件的界面不仅决定了课件的外观,而且直接影响到学生对课件内容的接受程度。良好的课件界面,不仅能够给人美感,产生心理上的愉悦感,而且能够起到激发学生的学习兴趣、提高学习积极性、增强学习效果的作用。

不同于各种商业演示文稿,制作课件的目的是为了向学生传递知识,因此多媒体课件的界面并不需要华丽和烦琐,以免对学生的学习造成不必要的干扰。对于教师来说,课件界面的设计并不是一个复杂的创新过程,其往往只是将现有的元素(如图片、文字或动画等)进行整合,将它们按照一定的布局排列起来就可以了。这样作为课件的制作者——教师,并不需要掌握高端的图像处理技术或那些只有平面设计师才需要掌握的设计技法。

对于多媒体课件来说,影响课件界面效果的并不是传统意义上的技术,实际上需要的是心理上的意义。课件界面需要通过对各种显示元素进行合理安排,并通过符合认知规律的布局来传递知识信息,体现教学重点和难点。

从上面的描述可以看出,课件界面设计必须贯彻的基本原则实际上很简单,那就是简洁明了和使用方便。课件界面应该使学生快速了解课件如何使用,把握课件是用来做什么的,知道传授的知识要点是什么。

PowerPoint是一款十分实用的课件制作软件,能够解决几乎所有课件界面设计和制作的需求,如绘制界面元素可以使用PowerPoint的绘图工具、使用图片可以利用PowerPoint的图片工具、使用PowerPoint的内置主题快速进行界面制作等。

8.2 课件界面设计的基本原则

多媒体课件是特殊的演示文稿,要制作出满足教学需要的课件,需要满足一些符合课件特点的基本原则。

8.2.1 简洁明了

课件的界面是视觉元素展示的平台,是实现功能的场所,在进行多媒体课件界面设计时,简洁明了是需要把握的第一原则。课件的界面应该避免颜色过多、字数过多和图形过繁等情况,界面中累积过多的元素就像美妙的音乐中出现了噪声那样,会极大地干扰学生的注意力,降低学习效果。

要实现课件界面的简洁,可以采用的方法是控制界面中使用的颜色,控制界面中文字的数量、字体以及控制其他元素(图片、图表等)的合理使用。如图8-1所示的课件页面,文字内容过多,不利于学生抓住重点。如图8-2所示的课件页面,界面内容堆砌,视觉要素烦琐。

8.2.2 布局合理

在设计多媒体课件界面时,整个界面应该具有清晰的条理和合理的布局,使教学内容鲜明突出,以达到最佳的教学效果。成功的界面设计应该有助于学生对教学内容的理解,教学内容应该是界面的绝对中心。课件合理布局,一般需要注意以下三点。

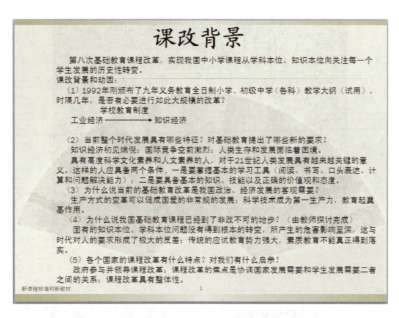

图 8-1 文字内容过多

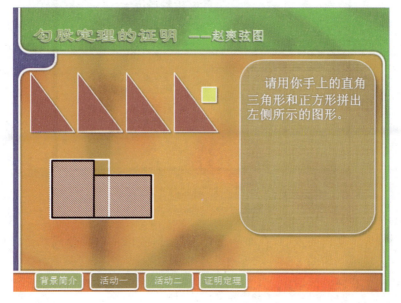

图 8-2 视觉要素烦琐

1. 留白

在课件界面中,留白量的多少应该根据具体的教学内容来决定。在界面中留白的基本原则是,要展示的内容不要放置到界面边框的边缘,要与边缘留有一定的距离,如图 8-3 所示。

2. 对齐

在课件中,存在着关联关系的内容需要对齐。同时,页面中的次级标题需要缩进,段落的左右两侧尽量保持对齐,这样利于读者视线快速移动,方便查看重要的信息,如图 8-4 所示。

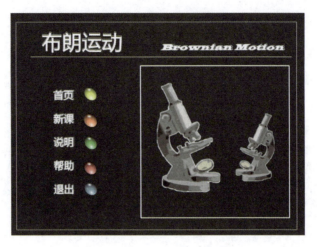

图 8-3　合理留白

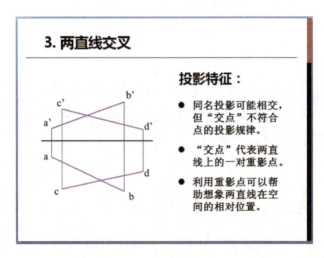

图 8-4　对象对齐

3. 聚拢

课件是用来展示知识要点的,在布局课件内容时,应该将内容分成几个区域,使相关内容汇聚在一个区域中。如图 8-5 所示为幻灯片的典型布局方式,页面被分为不同的区域,相关内容汇聚到一个相同的区域中,学生能够很方便地找到对应的内容。

8.2.3　一致性原则

一致性原则是界面设计的基本原则,它要求将相同类型的信息使用一致或相似的方式显示,同时整个课件均使用相似的人机交互方式,课件各个页面的版面布局和主题风格也保持相同。这样,能够减少学生的认知负荷,把有限的精力用在教学内容的学习上,而不是学习界面的操作上。

如图 8-6 所示,在这个物理课件中,页面的整体风格一致,导航按钮的位置、页面标题的位置以及展示内容的位置相对统一;在从上一个页面切换到下一个页面时,学生能够很容

图 8-5　相关内容汇聚到相同区域中

易地找到需要的内容；由于操作按钮的位置在不同的页面中设计得相同，操作者能够在不同的页面中毫不费力地进行操作。

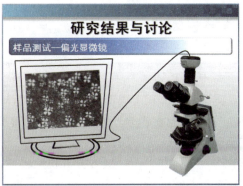

图 8-6　课件的不同页面遵循一致性原则

8.2.4　变化性原则

在课件制作过程中，还应该注意合理应用变化性原则。课件界面设计的变化性原则与一致性原则并不矛盾，在保证课件整体风格一致的情况下，如果能够合理地打破预期，形成对比，让对象动起来，可以产生较为强烈的视觉刺激，从而极大地激发学生的学习兴趣。

1. 让画面动起来

在拥有大量文字和静态图片的课件中，应注意动的因素，将一些与课件内容有关的小动画带入课件，以激活整个界面，从而激发学生的兴趣。在界面中，要做到动中有静和静中存动，但界面的变化不杂乱。

静止图形和一些动画画面不能直接切换，否则会产生跳动，在设计中可以采用淡入、淡出等过渡技巧组接，例如为对象的显示添加"进入"动画效果、为对象的消失添加"退出"动画效果等。这样可以让对象的出现和消失都不致于太突兀，使对象的出现自然而流畅，如图 8-7 所示。

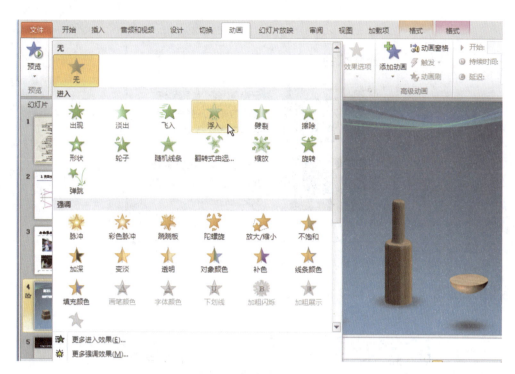

图 8-7 为对象的显示添加"进入"动画效果

2. 对比原则

要使课件界面在表现形式上富于变化,增强对比以改变视觉预期是一个好办法。在制作课件时,可以有意识地加大页面中不同元素的视觉差异,这样既可增加页面的活泼性,又可方便读者集中注意力阅读某一个子区域。

对比有多种方式,如大小、明暗和色彩等。如图 8-8 所示,在这个标题幻灯片中,处处都表现出强烈的对比,整个页面的色调采用黑白灰三色,文字使用白色,而上下的背景框与天平以黑色填充,天平两端的文字大小相差悬殊,这些都在整个界面中形成了强烈对比。

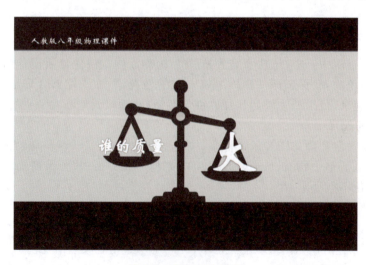

图 8-8 界面对比强烈

如果课件页面中存在较多文字,那么可以通过更改关键文字的颜色、字号大小、字体或加粗等多种方式使其与其他文字不同,进而使关键信息得到强化。这种方法对于图形同样有效,如图8-9所示。

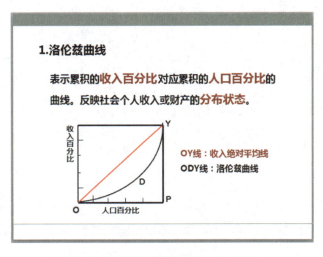

图8-9 使用不同颜色和大小形成对比

8.3 课件界面的布局技巧

一个优秀的课件必定有一个赏心悦目的界面,要设计出优秀的界面,需要掌握课件布局的技巧。本节将重点介绍PowerPoint课件界面布局的常见操作技巧。

8.3.1 课件中对象的对齐

课件界面的设计过程实际上就是在课件界面中放置各个对象的过程,涉及对象位置的确定和大小调整。为了能够精确实现对象的调整,PowerPoint提供了行之有效的工具。

教学视频

1. 使用网格线和参考线

网格线和参考线为在幻灯片中放置对象和确定对象大小提供了参考,用户可以根据布局的需要对网格线在幻灯片中的位置进行调整,如图8-10所示。在幻灯片中右击,选择快捷菜单中的"网格和参考线"命令打开"网格线和参考线"对话框,在其中可以对网格线和参考线的参数进行设置,如图8-11所示。

在幻灯片中,按住Ctrl键拖动参考线能够在幻灯片中添加新的参考线,将参考线拖出幻灯片将删除该参考线。例如,在布局一个课件的目录幻灯片时,可以首先在幻灯片中添加参考线勾勒出导航按钮的位置,如图8-12所示;然后根据参考线的位置来放置按钮并调整它们的大小,如图8-13所示。

2. 使用对齐命令

在幻灯片中使用参考线和网格线作为参考排列对象,无法保证对象能够精确定位。如果对对象在位置上的定位精度要求比较高,则可以使用PowerPoint的对齐命令。

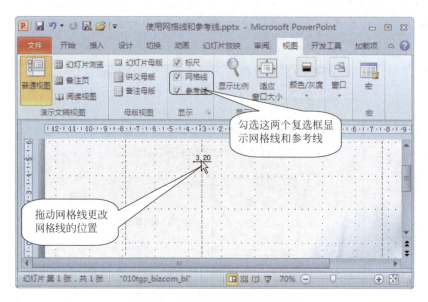

图 8-10 显示网格线和参考线

图 8-11 "网格线和参考线"对话框

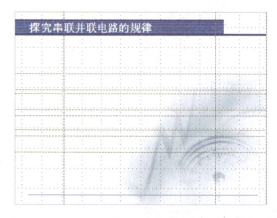

图 8-12 在幻灯片中添加参考线

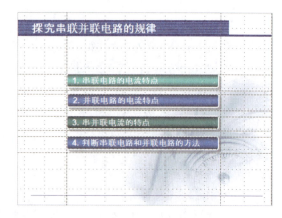

图 8-13 根据参考线放置对象

在图 8-14 所示的幻灯片中，同时选中多个文本框，在"格式"选项卡的"绘图"选项组中单击"排列"按钮，在弹出的菜单中选择"对齐"级联菜单中的命令，可以使选择的对象按照某种规则对齐。另外，如果需要对象间在横向或纵向保持固定的间距，可以在选择所有对象后，使用"对齐"菜单中的"横向分布"或"纵向分布"命令使对象的横向或纵向间距自动调整得相同。

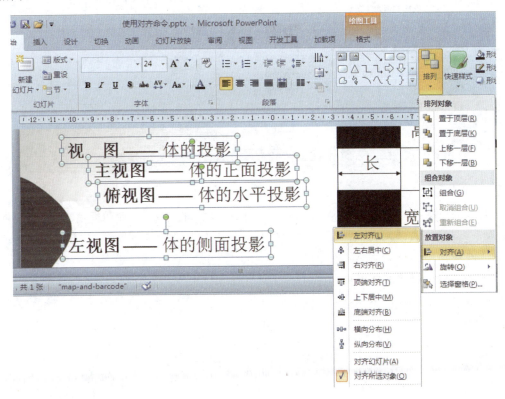

图 8-14 选择对齐命令

3. 精确移动对象

一般情况下，移动幻灯片中的对象可以使用鼠标，但使用鼠标的弊端在于无法精确地控制对象的移动距离。如果需要对对象的位置进行微调，可以使用键盘上的 4 个方向键。按 Ctrl 键将能够以较小的距离移动对象，这是对对象位置进行微调的常用方法。

如果需要将对象精确地放置到幻灯片的指定位置，还可以在幻灯片中选择需要移动位置的对象后，按照图 8-15 的方法进行操作。

8.3.2 使用线条进行条块分隔

在界面中，线条具有很多种变化，不仅仅是传统意义上的直线，还包括曲线。线条在课件界面中可以起到分隔版面的作用，同时也能起到很好的装饰作用。在 PowerPoint 2010 中，通过线条工具能够在幻灯片中方便地绘制出直线、曲线或折线。同时，通过设置线条的宽度以及颜色为线型等进行灵活设置，能够获得各种形式的线条，很好地起到装饰作用。

教学视频

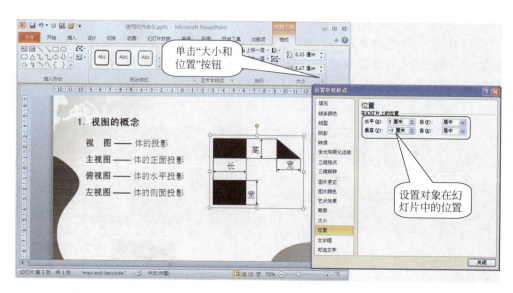

图 8-15 将对象精确放置到指定的位置

如图 8-16 所示的课件界面，使用直线作为标题文字的分隔线，为文字添加轮廓线增强文字效果，幻灯片底部使用曲线工具绘制曲线，并对曲线的形状进行调整呈现波浪装饰形状，界面效果简洁明快。

在课件中，可以考虑用分栏的方式对页面内容进行排版。分栏时，线条可以划分不同栏目，同时为对象的对齐提供参考作用。如图 8-17 所示的课件中，简简单单的一条虚线就将页面分为了左右两栏。

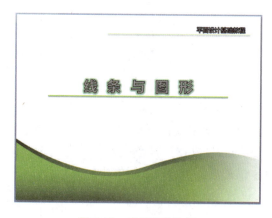

图 8-16 使用线条分隔

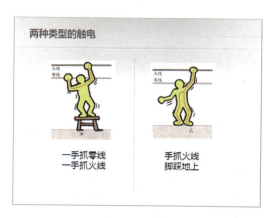

图 8-17 使用线条分栏

8.3.3 利用表格进行排版和布局

在 PowerPoint 中，表格工具的功能很强大，不仅可以用于创建各类表格，还可以利用表格为课件添加块状装饰物和进行排版布局等。例如，图 8-18 所示的幻灯片使用表格来创建课件目录，标题栏使用不同颜色的色块填充单元格，效果十分独特；另外，表格也可以使目录文字整齐排列。

教学视频

首先创建 5 行 6 列的表格，调整列宽并合并单元格，再根据需要对各个单元格进行颜色填充，如图 8-19 所示。然后在单元格中输入文字，设置文字的字体、大小和颜色后即可获得需要的效果。

使用表格还可以方便快速地在幻灯片中实现图文混排。在具体操作时，通过合并或拆分单元格可以划分各个版块的大小，通过设置表格边框线能够创建划分版面的线条。同时，在一个幻灯片中通过设计表格划分版面后，如果在其他幻灯片中还需要使用这种版面设计，直接将表格复制粘贴即可，这样能够很容易地保持各个幻灯片版面的一致性。如图 8-20 所示的幻灯片即是使用表格实现的图文混排效果。

图 8-18　利用表格排版和布局

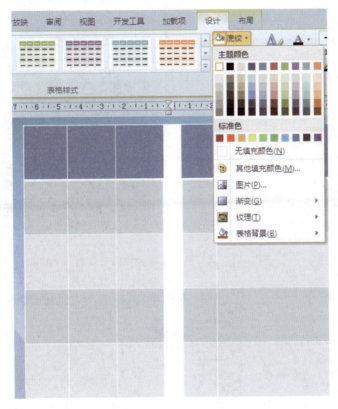

图 8-19　向单元格填充颜色

首先创建一个 3 行 2 列的表格，使其占满整个幻灯片，然后对表格中单元格进行合并，对单元格进行色彩填充。这里对放置标题文字的单元格应用了渐变填充，如图 8-21 所示。

要在单元格中插入图片，最快捷的方式是以图片填充的方式插入。在"设置形状格式"对话框中选中"图片或纹理填充"单选按钮，选择使用图片或纹理来填充单元格，然后单击"文件"按钮打开"插入图片"对话框，选择需要使用的图片即可，如图 8-22 所示。

图 8-20　使用表格实现图文混排

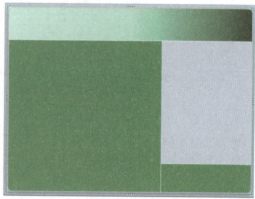

图 8-21　对标题单元格应用渐变填充

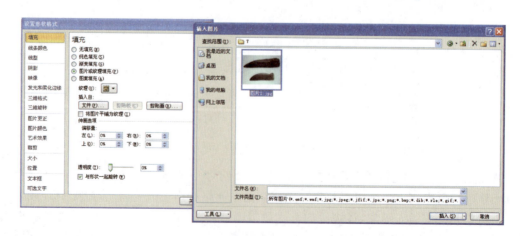

图 8-22　以图片填充的方式插入需要图片

要在页面中获得划分版面的线条，可以通过设置表格的边框线来实现。将插入点光标放置到单元格中，首先在"设计"选项卡的"绘图边框"选项组中设置边框的宽度和颜色，然后在"表格样式"选项组中设置线条应用到单元格中的位置，如图 8-23 所示。

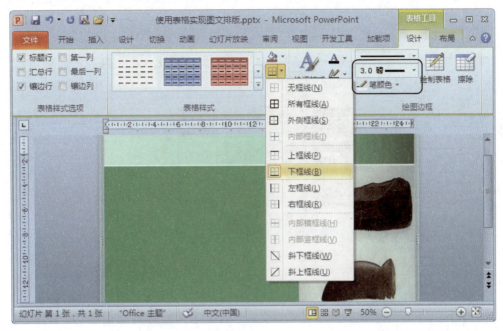

图 8-23　设置边框线

完成对表格的设置后，在单元格中输入文字，并对文字的字体、大小和颜色等进行设置，设置完成后即可获得需要的图文排版效果。

8.3.4　使用内置主题

PowerPoint 的内置主题是可以快速应用到幻灯片的固有样式。在制作课件时，制作者需要考虑幻灯片背景颜色与各个对象的颜色如何搭配、幻灯片中各种类型文字的字体和大小、文字或绘制的图形等对象的颜色应该如何选择才能与幻灯片背景颜色相配。对于缺乏平面设计理论基础的普通用户来说，要想自己完成上述设计，并不是一件轻松的事情。PowerPoint 的主题实际上就是帮助用户快速解决上述问题的，PowerPoint 中内置了常用的幻灯片主题方案，这些方案包含了最为合理的背景颜色、对象颜色和样式方案，用户可以直接将其应用到演示文稿中。

在 PowerPoint 2010 中使用 PowerPoint 主题是十分简单的，制作一张幻灯片，在"设计"选项卡的"主题"选项组中单击"其他"按钮 ，在打开的列表中选择需要使用的主题选项即可，如图 8-24 所示。

在使用主题时，可以根据需要对主题的颜色方案和文字样式进行修改。例如，修改当前主题的文字样式，可以单击"字体"按钮，在打开的下拉列表中选择字体方案将其应用到课件中，如图 8-25 所示。如果选择"新建字体"命令，则打开"新建主题字体"对话框，在其中对主题字体样式进行设置，在"名称"文本框中输入自定义主题字体的名称后单击"保存"按钮即

教学视频

可,如图 8-26 所示。此时,当前自定义字体样式将保存,在"字体"列表中将列出保存的字体方案,直接单击该选项即可应用。

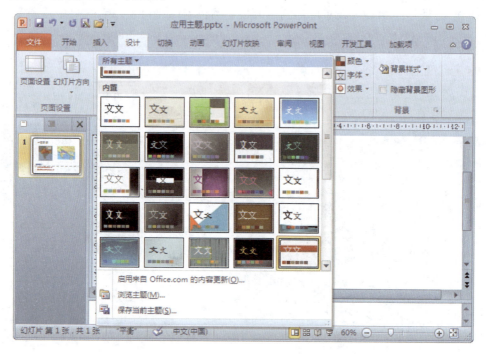

图 8-24　应用主题

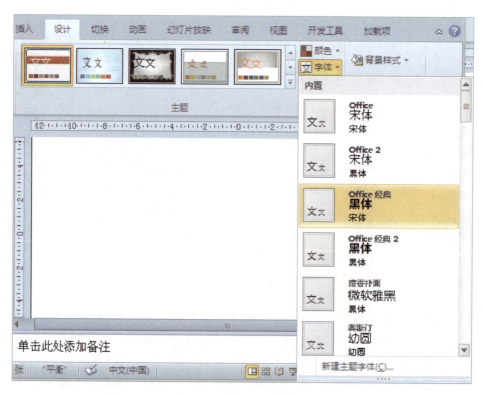

图 8-25　选择主题字体

图 8-26　新建主题字体

8.4　让色彩影响学生

色彩能够给人以某种心理暗示，合理的配色能够在潜移默化之间让观者进入某种特定的氛围，更容易让其接受所传递的信息。在制作多媒体课件时，如何合理配色是课件界面设计必须考虑的因素。

教学视频

8.4.1　什么是好色彩

色彩是影响视觉效果的一个重要因素，能够直接影响观者的情绪。在课件中借助色彩，可以逼真地反映客观世界，增强课件画面的吸引力，激发学生的兴趣。在课件中，色彩要为创建情景和表现对象而服务，针对不同主题和不同内容，应该采用不同的色彩形式。恰当地应用色彩能够使学生在学习过程中得到美的体验，有利于学生更好地感知和理解学习内容。

在制作课件时，整个课件应该有一个统一的主题颜色，这个主题颜色要符合学科的特点和课件主题内容的需要。确定主题颜色后，再选择与主题颜色相配的颜色。对于课件来说，主题颜色一般采用绿色、蓝色或黑白色等，如图 8-27 所示为以黑白色为主色调的语文课件。

图 8-27　以黑白色为主色调的语文课件

色彩的选择要符合不同年龄段学生的特点，如图 8-28 所示为一个小学课件的页面，由于针对的是低年级的学生，所以界面中的色彩相对较多，画面内容较为丰富。

图 8-28　界面色彩丰富的低年级课件

在为课件界面选择色彩时，屏幕上同时出现的色彩要和谐，应尽量避免将对比强烈的色彩放在一起，即互补色应尽量少用，如红色和绿色、红色和蓝色、绿色和蓝色以及橙色和紫色等，如图 8-29 所示。这样的互补色放在一起，学生注视太久会产生视觉闪烁，影响学生的观察力。

从色彩效果看，红色、黄色和橘色有凸出显示和突出画面的效果，而紫色、蓝色和绿色则有往后退缩的效果。色彩明亮的物体在视觉上会有扩大的效果，而暗一点的色彩则会起到缩小形状的效果。在界面色彩的使用中要注意，活动中的对象与非活动中的对象色彩应不同，活动中的对象色彩要鲜明，非活动中的对象色彩应暗淡。以暖色、饱和、鲜明的色彩作为活动中的前景，以冷色、暗色、浅色作为背景。课件中常见的颜色组合包括黑色和白色、蓝色和白色以及红色和黄色等，如图 8-30 所示。这些颜色以背景色和前景色的模式搭配使用，能够保证背景与前景之间的良好对比效果。

图 8-29　互补色示例　　　　　　图 8-30　典型的对比颜色

8.4.2　使用主题色彩

在制作课件时，使用 PowerPoint 2010 自带的主题，可以使用与该主题相配的颜色方案。要更改某个主题的颜色方案，可以在"设计"选项卡的"主题"组中单击"颜色"按钮，在打开的下拉列表中选择某个颜色方案选项将其应用到当前的幻灯片中，如图 8-31 所示。

如果 PowerPoint 自带的颜色方案无法满足课件的需要，用户可以进行自定义，在"设计"选项卡的"颜色"列表中选择"新建颜色"命令打开"新建主题颜色"对话框，根据需要对主题颜色进行设置,完成设置后在"名称"文本框中输入主题颜色的名称,单击"保存"按钮即可保存对主题颜色的设置,如图 8-32 所示。此时,"我的主题颜色 1"颜色方案将会出现在"颜色"列表中,单击该选项即可将其应用到课件中。

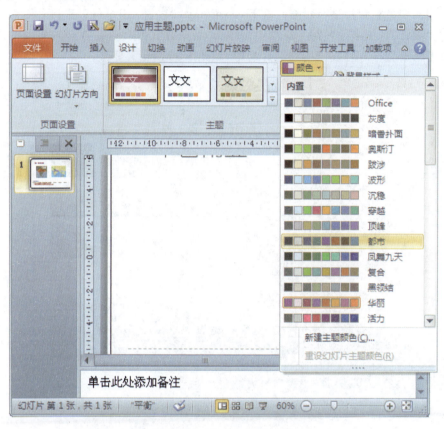

图 8-31　应用内置颜色方案

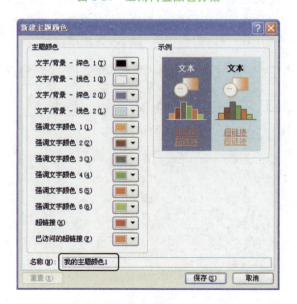

图 8-32　"新建主题颜色"对话框

8.4.3 渐变和透明

在制作课件界面时，使用色彩来填充背景是一个常用的方法，为了增强课件的效果，通常可以使用渐变色对背景进行填充。在 PowerPoint 2010 中，用户可以直接对幻灯片进行色彩填充，在"设计"选项卡的"背景"选项组中单击"背景样式"按钮，在打开的列表中选择相应的选项即可将渐变样式直接应用到幻灯片中，如图 8-33 所示。

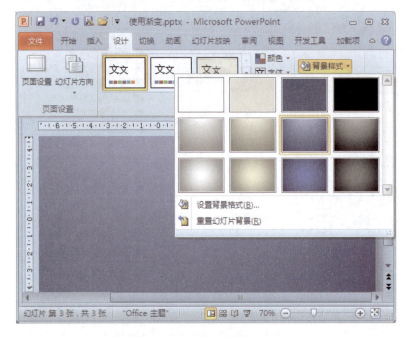

图 8-33　设置幻灯片背景样式

无论是应用纯色填充还是渐变填充，灵活地设置色彩的透明度都能起到增强视觉效果的作用。如图 8-34 所示，绘制一个白色的圆角矩形，将圆角矩形的填充色的透明度设置为 70%，即获得了一个半透明的内容面板框出课件的内容区域。

图 8-34　半透明的圆角矩形框

如图 8-35 所示,在这个封面幻灯片中,对主标题文本框添加了渐变填充效果,此时获得的界面效果更加丰满。要实现这种由一种颜色过渡到透明效果实际上很简单,只需在"设置形状格式"对话框中选择渐变停止点的颜色色标后修改其透明度值即可,如图 8-36 所示。为了使渐变或透明过渡自然,可以在渐变中增加中间色,同时将中间色的透明度设置为渐变的起点色和终点色透明度的中间值。

图 8-35　标题文本框使用了渐变填充效果

图 8-36　设置透明效果

8.5　课件中常见页面的界面设计

课件的页面按照其功能可以分为封面、主界面(导航页)、内容页和退出页面等。在一个课件中,这些页面风格在保持一致的前提下,根据其实现功能的不同会略有变化。

8.5.1 封面页

封面页是课件开始的第一个页面,该页面用于展示与课件有关的信息,如课件的标题、授课教师或单位的信息以及一些必要的说明信息和装饰物图形等,如图 8-37 所示。

教学视频

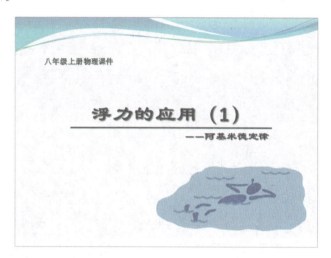

图 8-37　课件的封面

课件的封面页需要提示课件的主题,在设计时要力求新颖有创意,能够引起学生的注意。封面页可以根据需要包含各种元素,如图形、文字和图片等,有时为了增强效果还会在封面上适当使用动画。另外,如果课件需要增强感染力,用户可以在课件封面添加与课件内容相符的背景音乐,有时为了操作方便还会在课件封面页中放置用于导航的对象,如图 8-38 所示。

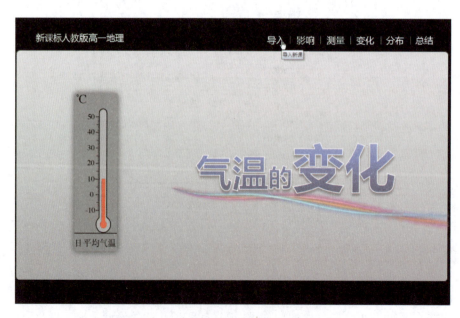

图 8-38　课件封面页中放置用于导航的对象

课件封面页的设计制作没有定法，一般在制作时应该注意与课件主题相符，显示的内容直观清晰。在大多数情况下，封面采用"图片＋文字"的形式。图片用作封面的背景时，一般采用与课件风格和主题有关的图片，并添加适当的装饰物或特别效果。在使用图片时，用户可以使用专业的图片处理软件（如 Photoshop）对图片进行处理，以获得需要的效果。对于普通教师，如果不熟悉专业图像处理软件的操作，完全可以在将图片插入幻灯片中后直接使用 PowerPoint 2010 提供的图片处理工具进行处理。

如图 8-39 所示的课件封面中，将一个时钟图片插入幻灯片中，通过在"设置图片格式"对话框中对图片的"亮度""对比度""柔化"以及"图片颜色"等进行设置获得了时钟融入背景的效果。如图 8-40 所示的课件封面中，对插入的多张图片应用三维旋转效果，获得了照片飘落而下的视觉效果，既起到了装饰美化封面的作用，也契合了课件主题。

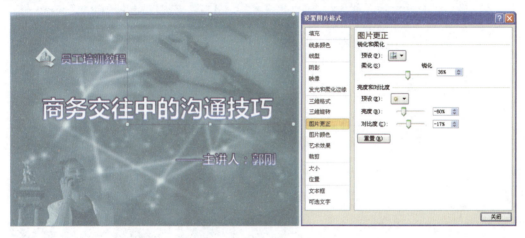

图 8-39　设置插入图片的效果

图 8-40　对图片应用三维旋转效果

8.5.2　导航页

在课件中，如果封面页中没有出现导航方式，就需要为课件制作专门的导航页。课件中最常见的导航页是目录形式的，如图 8-41 所示。这种导航页既可

教学视频

以以目录形式展示当前课件的内容要点,也可以通过单击相应的目录行跳转到指定的页面。

  导航页中对象的布局,除了将导航按钮线性排列之外,还有多种方式。例如,导航按钮以斜向方式排列,如图8-42所示;导航按钮以弧线方式排列,如图8-43所示;导航按钮在界面中集中分布,如图8-44所示。

图8-41　目录形式的导航页

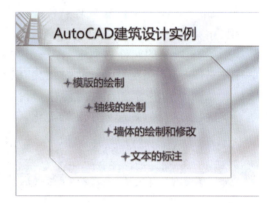

图8-42　导航按钮以斜向方式排列

图8-43　导航按钮以弧线方式排列

图8-44　导航按钮集中分布

8.5.3　内容页

教学视频

  课件内容页的设计具有极大的灵活性,但无论采用什么模式,都必须遵循一致性原则,即页面风格应该和课件整体风格保持一致,不应该有特殊的页面出现。同时,由于内容页的功能是展示课件的知识点,所以教学内容应该占据界面的主要位置,以能够引起学生的关注和阅读为基本原则。

  内容页中内容区域的界定方式很多,除了前面介绍的一些排版方式之外,最常见的形式就是框架式。这种形式的显著特征就是将主题内容放置到一个框架区域中,可以是有明确边框线的区域,如图8-45所示。

  内容页还可以使用线条或色块来划分内容区域,例如,在页面的上部和下部使用折线和色块,如图8-46所示;还可以使用简单的装饰性图形,例如在内容区域对角位置放置两个直角拐角,即可很方便地勾勒出内容区域,如图8-47所示。

图 8-45　有明确框线的框架区域

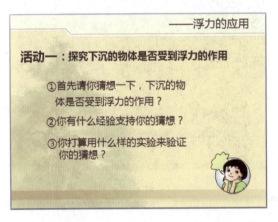

图 8-46　在页面的上部和下部使用折线和色块

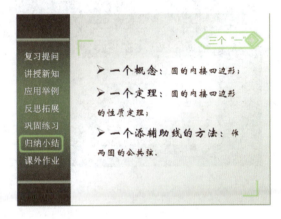

图 8-47　使用直角拐角

8.5.4　退出页和帮助页

　　多媒体课件中还可以包括课件退出界面和帮助界面。课件退出界面是在课件退出时显示的页面,其可以用来显示与课件制作和设计相关的人员信息。这些信息的呈现往往使用动画的形式,如从下向上移入后移出的动画效果,如图 8-48 所示。有时课件退出界面也会显示感谢信息,这种方式在公开课课件中使用较多,如图 8-49 所示。对于某些交互性很强的课件,退出界面中会给出确认信息,以确认是否真的要退出,如图 8-50 所示。

　　对于一些操作比较复杂的课件,为了帮助使用者快速掌握课件的操作方法,可以在课件中增加帮助页面。课件的帮助页一般是为使用者提供帮助信息,例如介绍课件的制作工具和课件的运行环境、课件的结构和操作顺序指南以及课件的使用范围和使用对象等。同时,帮助页面也可以介绍与课件有关的信息,例如课件的教学思想、设计思路和课件在教学中的具体使用情景等。如图 8-51 所示为一个历史课件的帮助界面,对课件的操作和使用环境进行了简单的介绍。

图 8-48 退出界面显示的信息

图 8-49 显示感谢信息

图 8-50 课件退出时的确认对话框

图 8-51 课件的帮助界面

8.6 界面设计的利器——母版

在 PowerPoint 中,不同用途的幻灯片版式都有自己的母版,用户可以根据需要为每一类幻灯片的版式设计一种母版。利用母版设计课件的界面,同样可以将不同母版样式应用到不同内容结构的幻灯片中。

8.6.1 认识母版

在 PowerPoint 中,母版实际上是一种特殊的幻灯片。母版保存了满足不同需要的幻灯片的版面信息和组成元素的样式信息,这些信息都是已经在母版中设置好的。在应用母版创建幻灯片时,无须对幻灯片进行再设置,只需在相应的位置输入需要的内容即可。灵活使用母版,能够有效避免重复操作,提高工作效率。更为重要的是,使用母版能够使演示文稿的幻灯片具有统一的样式和风格。

PowerPoint 中的母版分为幻灯片母版、讲义母版和备注母版 3 种,其中,幻灯片母版可以理解为制作幻灯片的模具,讲义母版是用于制作讲义的模具,备注母版则是制作幻灯片备注的模具。

　　幻灯片母版实际上就是一张幻灯片，在幻灯片上可以添加、删除或编辑任何元素，这些元素将按照母版的设置在幻灯片中显示。在幻灯片母版视图中，左侧列表列出应用于不同场合的幻灯片母版，位于顶层的是幻灯片主题母版，其下的幻灯片母版则是具体用于不同版式布局的母版幻灯片。将鼠标指针放置到某个幻灯片母版上，即能够显示该母版的名称以及课件中正在使用该幻灯片母版的幻灯片，如图 8-52 所示。

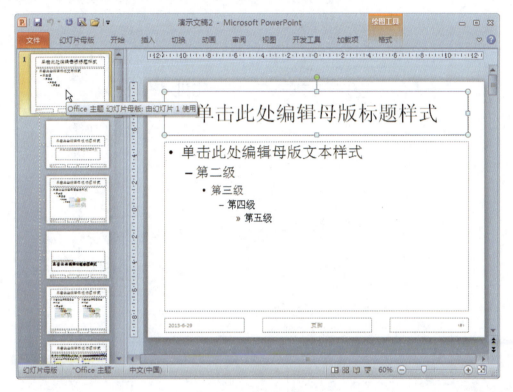

图 8-52　幻灯片母版视图

　　幻灯片母版中的母版幻灯片可以用于设计课件中不同用途的幻灯片的版式布局，母版幻灯片中设计的版式幻灯片将在"开始"选项卡的"新建幻灯片"列表中显示，如图 8-53 所示，单击该列表中的选项即可将该版式幻灯片应用到课件中。

8.6.2　使用幻灯片母版设计课件界面

　　在利用母版制作课件时，需要设计好课件界面的布局，并为不同的界面类型设计不同的母版。在设计母版时，应该计划好各个功能幻灯片中需要的元素，决定哪些元素是每个幻灯片中都需要的公共元素，并将这些元素放置到母版中。特别是课件的界面元素应该放置到母版中，使它们能够在不同的幻灯片中重复使用，这样可以大大提高课件的制作效率。

　　如图 8-54 所示，将课件中每个幻灯片都需要的导航按钮放置在主题母版的右下角，将副标题放置到主题母版左上角，同时在主题母版中制作课件背景。这样，制作其他母版幻灯片或课件时，就不需要在每张幻灯片中绘制这些图形。

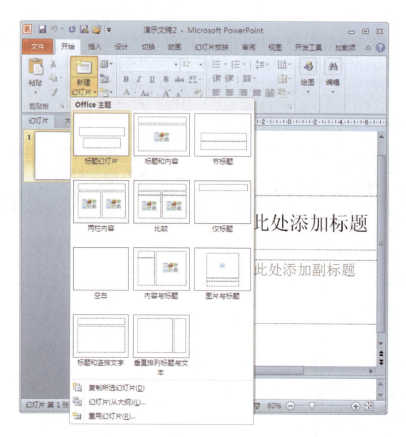

图 8-53 "新建幻灯片"列表中的幻灯片版式

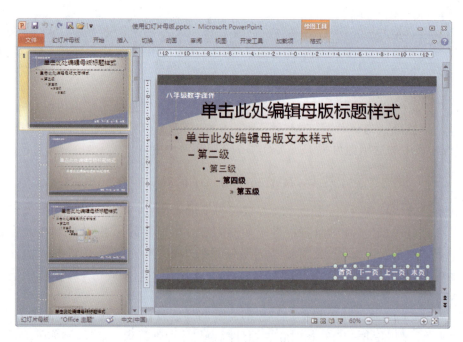

图 8-54 使用主题母版制作课件界面

在使用幻灯片母版时,用户可以创建自己需要的版式。在"幻灯片母版"选项卡的"编辑母版"选项组中单击"插入版式"按钮将能够创建一个新的母版版式,如图 8-55 所示。单击"母版版式"选项组中的"插入占位符"按钮,在打开的下拉列表中选择需要的占位符,如图 8-56 所示,然后在母版幻灯片中通过使用占位符可以设计该幻灯片的版式布局。

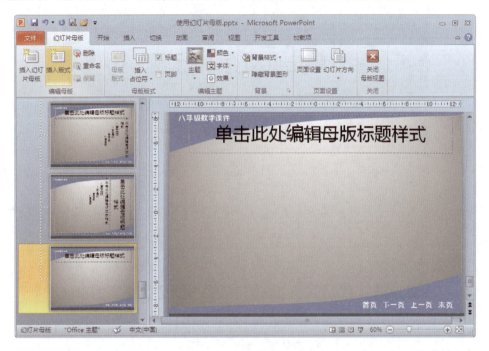

图 8-55　创建新的幻灯片版式

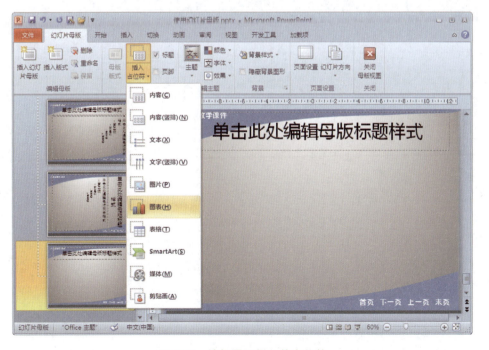

图 8-56　选择需要插入的占位符

在课件中插入自定义版式幻灯片后,幻灯片中的占位符将按照母版中的设置占据一定的位置。在占位符的提示文字处单击,该提示文字将消失,可以直接在该位置输入文字。单击占位符中的按钮,可以添加相应的元素。例如在图片占位符中单击"插入表格"按钮,可以在此位置插入表格,如图 8-57 所示。

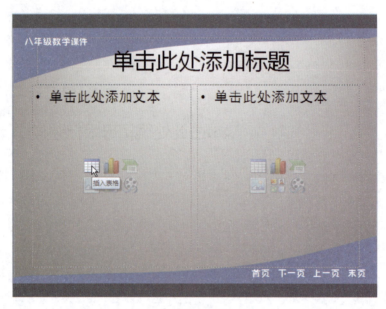

图 8-57　单击占位符按钮

第9章
PowerPoint 课件交互设计

本章主要内容：
- 实现PowerPoint课件交互的三大法宝
- PowerPoint课件中常见交互的实现方式
- 课件中的特殊交互
- 功能强大的VBA

9.1 实现 PowerPoint 课件交互的三大法宝

具有交互功能是多媒体课件不同于传统媒体的一个重要特征。多媒体课件除了能够使用多种媒体来传递信息之外，用户还可以灵活控制内容出现的顺序和形式，甚至实现人机对话。这样就可以为不同的学生提供不同的学习方式，有针对性地展示内容，及时地获得学习情况的反馈。在 PowerPoint 课件中实现交互，根据需要的不同，一般使用超链接、动作和触发器 3 种方式。

教学视频

9.1.1 了解超链接

超链接是 PowerPoint 中实现交互的一种最常见也最容易实现的方式。超链接是一种内容跳转技术，使用超链接可以方便地实现从课件中的任意一个内容跳转的另一个内容。这样，就可以实现对课件内容的重新组织，以满足不同学生对教学内容和教学情景的需要，实现非线性传播方式。

在 PowerPoint 中，用户可以为幻灯片中的任意对象添加超链接，使用超链接不仅能够链接到课件中指定的幻灯片，还能够链接到外部文件。在幻灯片中选择需要添加超链接的对象后，在"插入"选项卡的"链接"选项组中单击"超链接"按钮打开"插入超链接"对话框，使用该对话框可选择链接的目标对象，如图 9-1 所示。

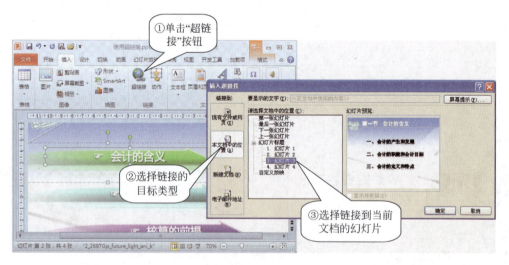

图 9-1 创建超链接

在为对象添加超链接时，有时需要在鼠标指针放置到该对象上时显示提示信息。要实现这种功能，可以在"插入超链接"对话框中单击"屏幕提示"按钮打开"设置超链接屏幕提示"对话框，在对话框的"屏幕提示文字"文本框中输入屏幕提示文字，如图 9-2 所示。完成超链接的添加后，播放该幻灯片，单击创建超链接的对象将能够跳转到指定的幻灯片。鼠标指针放置到对象上时会变为手形并显示文字提示，如

图 9-2 设置屏幕提示文字

图 9-3 所示。

9.1.2 认识动作

PowerPoint 提供了一组动作按钮，这些动作按钮带有预设的链接动作，可以直接添加到幻灯片中，而无须进行设置，幻灯片放映时能实现诸如幻灯片间的跳转、播放声音或影片以及激活另一个外部应用程序等操作。

打开"插入"选项卡的"插图"选项组的"形状"下拉列表，"动作按钮"栏中列出了 PowerPoint 内置的动作按钮，如图 9-4 所示。单击动作按钮，即可在幻灯片中绘制该动作按钮，PowerPoint 将自动打开"动作设置"对话框，使用该对话框可以对单击动作按钮时产生的动作进行设置，如图 9-5 所示。

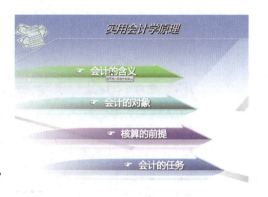

图 9-3　添加超链接后的效果

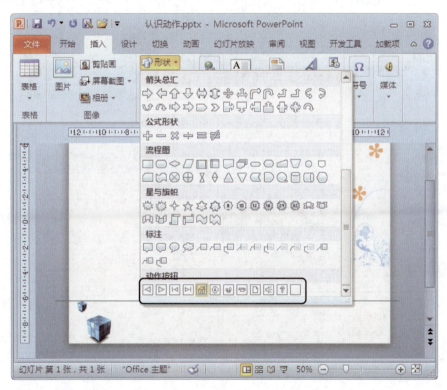

图 9-4　选择动作按钮

如果需要对按钮设置在鼠标移过按钮时的动作，可以在"动作设置"对话框的"鼠标移过"选项卡中进行设置。由于动作按钮实际上是一个图形对象，所以可在"格式"选项卡中对按钮的样式进行设置。

另外，也可以将动作添加到幻灯片的任意一个对象上。方法是，在幻灯片中选择需要添加动作的对象，在"插入"选项卡的"链接"选项组中单击"动作"按钮打开"动作设置"对话框，为选择的对象添加动作，如图 9-6 所示。

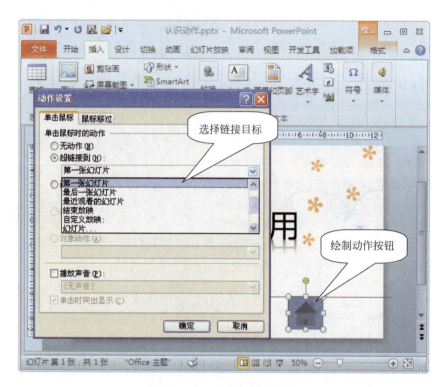

图 9-5 设置动作按钮的动作

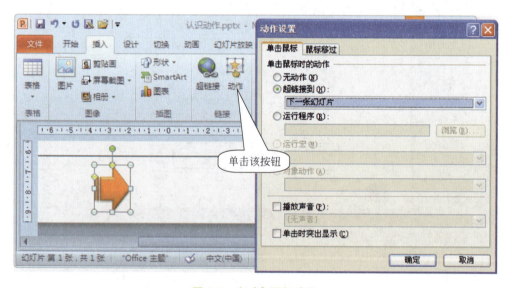

图 9-6 为对象添加动作

9.1.3 掌握触发器

在 PowerPoint 中,触发器实际上是一个对象,相当于一个控制开关,以单击作为触发条件。当这个触发条件得到满足时,能够触发某种动作。在 PowerPoint 中,触发器能够触发的动作一般是动画的播放,也能够对声音和视频的播放和暂停进行控制。触发器是

PowerPoint 课件中实现交互最常用的方法，其看似简单，如果将其与动画效果结合起来，将能够实现很多复杂的交互效果。

在 PowerPoint 中，幻灯片中的任何对象都可以作为触发器使用，如包含文字的文本框、图形、图片以及声音或视频图标等。要使用触发器，必须保证已经创建了动画效果。

在创建动画后打开"动画窗格"面板，在列表中选择需要添加触发器的动画选项。单击该动画选项右侧出现的下三角按钮，在打开的下拉菜单中选择"计时"命令打开该"动画设置"对话框，切换到"计时"选项卡。单击对话框中的"触发器"按钮展开设置项，选择"单击下列对象时启动效果"单选按钮，在右侧的下拉列表中选择作为触发器的对象，如图 9-7 所示。完成设置后，在幻灯片放映时，单击作为触发器的对象即可让选择的动画开始播放。

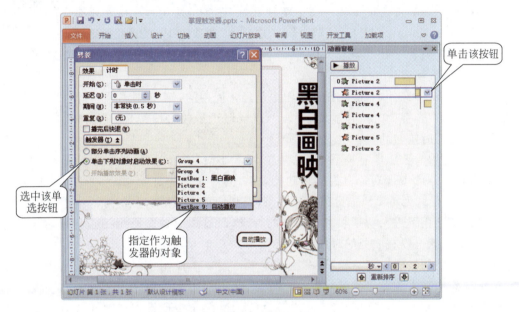

图 9-7　设置触发器

PowerPoint 中还有一个更简单的设置指定触发器的方法，那就是在选择添加了动画效果的对象后，在"动画"选项卡的"高级动画"组中单击"触发"按钮，在打开的下拉列表中选择用做触发器的对象，如图 9-8 所示。

图 9-8　指定触发器

9.2 课件中的常见交互

在多媒体课件中,交互的作用主要体现在控制翻页和让对象按需显示这两个方面。为了使课件容易操作,课件中常常需要使用大家熟悉的按钮、热区和菜单等。本节将对这些常见交互方式的实现方法进行介绍。

9.2.1 开关按钮

教学视频

所谓开关按钮,指的是那种能够以形态的变化来表示当前所处状态的按钮。这种按钮一般有按钮按下和未按下两种状态,在各类应用程序中经常会见到,例如,PowerPoint 2010"开始"选项卡的"字体"选项组中,"加粗"按钮就属于这类按钮。当文字处于加粗状态时,该按钮显示为 **B** (即按下或选择状态),而取消文字加粗状态后,按钮将恢复为正常状态。

在 PowerPoint 课件中,这种开关按钮也是经常使用的,例如,使用同一个按钮控制声音的播放和停止,声音播放时按钮显示"停止",声音停止播放时按钮显示"播放",单击按钮控制声音播放的同时按钮的状态也发生改变。

开关按钮的特征是具有两种显示状态,一种状态显示时另一种状态将不显示。在 PowerPoint 中,一个对象可以具有多种动画效果,为对象添加进入动画效果,动画播放完成后,对象才会显示;为对象添加退出动画效果,动画播放完成后将从幻灯片中消失。开关按钮的实现正是利用了进入动画和退出动画的特点,通过添加触发器控制进入和退出动画的播放,这样对象就可以在需要的时候显示,在不需要的时候消失。

在幻灯片中创建两个文本框,这两个文本框作为一个控制按钮的两个显示状态。为这两个文本框添加进入和退出动画效果,将第二个文本框指定为第一个文本框进入动画和其本身退出动画的触发器,将第一个文本框指定为第二个文本框进入动画和其本身退出动画的触发器,如图 9-9 所示。完成后设置后,在幻灯片中将一个文本框覆盖在另一个文本框之上,幻灯片放映时即可获得文本框中的文字随单击而发生改变的效果。

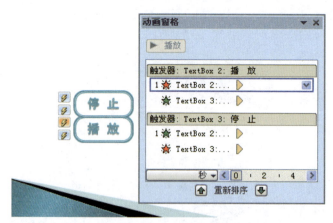

图 9-9 为动画指定触发器

图 9-10 展示的是开关按钮的一个经典应用实例。在播放幻灯片时,单击开关上的刀闸,刀闸将落下,同时两个灯泡亮起;再次单击刀闸,刀闸拉起,灯泡熄灭。这里为刀闸对象添加了两个动画效果,一个是顺时针旋转 25°的陀螺旋动画,该动画使刀闸放下;另一个是逆时针旋转 25°的陀螺旋动画,使刀闸打开。这两个动画均使用刀闸对象作为触发器。

图 9-10 开关按钮应用实例

每个灯泡使用了两个图形来表示其亮和灭的状态,如图 9-11 所示。为表现灯泡亮和灭的图形添加进入和退出动画效果,使用刀闸作为触发器来触发对应的动画效果,即可表现灯在开关不同状态下的亮起和灭掉。

在制作这类开关按钮时,要注意在"动画窗格"面板中安排好动画播放的先后顺序。同时,所有动画的开始时间必须设置为"与上一动画同时",如图 9-12 所示。另外,由于这里只需要对象显示或消失就可以了,因此不管使用哪种进入和退出动画都可以,但动画的持续时间要短。

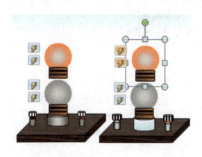

图 9-11 使用两个图形来表现灯泡的亮和灭

图 9-12 将动画的"开始"设置为"与上一动画同时"

9.2.2 热区

热区是一个区域,这个区域能够对鼠标的动作(如单击或移过等)产生响应。从热区能够对鼠标动作产生响应这一点看,热区实际上相当于一个按钮,只是这个按钮是隐形的,有时又是不规则图形。

教学视频

1. 使用触发器

在 PowerPoint 课件中,制作对鼠标单击动作产生响应的热区比较简单,一般需要两个步骤,首先勾勒出不可见的响应区域,一般的操作方法是使用 PowerPoint 提供的绘图工具绘制图形,取消边框线并将填充色的透明度设置为 100,这样该图形将不可见,如图 9-13 所示;然后根据需要将这个透明图形指定为触发器,如图 9-14 所示,当幻灯片放映时,单击绘制图形划定的区域就可以产生设定的响应动作。

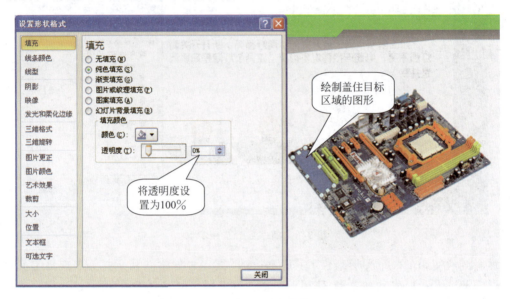

图 9-13 绘制图形并使其透明

图 9-14 将透明对象指定为触发器

2. 使用动作

在 PowerPoint 中,无论是超链接还是触发器,都只对鼠标的单击动作产生响应,只有 PowerPoint 的动作才能对鼠标移过动作产生响应。因此,要制作对鼠标移过动作产生响应的热区,应该在创建热区后为其添加动作。另外,由于动作实际上是一种超链接,其目标对象是幻灯片,所以产生响应的对象需要放置在单独的幻灯片中。

下面介绍在 PowerPoint 中利用动作制作任意形状热区的具体方法,热区将对鼠标移过该区域的动作产生响应。

① 绘制动作按钮,并调整动作按钮的大小和角度,使其覆盖目标区域。动作按钮的线条颜色设置为"无",同时将填充色的透明度设置为100%,如图9-15所示。

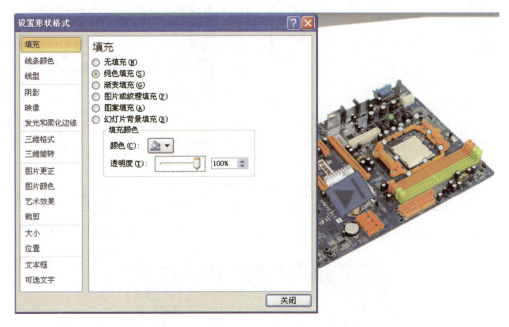

图9-15　绘制动作按钮

② 由于这里需要创建两个热区,将该幻灯片复制一个,在这两个幻灯片中分别放置需要的说明文字,如图9-16所示。

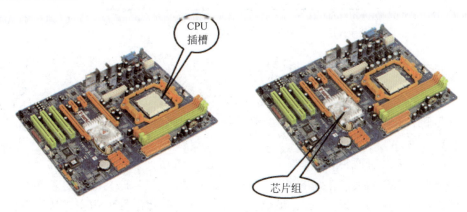

图9-16　在两张幻灯片中添加说明文字

③ 在幻灯片中分别对按钮的动作进行设置。首先在"动作设置"对话框的"单击鼠标"选项卡中选中"无动作"单选按钮取消该按钮的鼠标单击动作,如图9-17所示。在"鼠标移过"选项卡中选中"超链接到"单选按钮,在其下的下拉列表中选择"幻灯片"选项,如图9-18所示。在打开的"超链接到幻灯片"对话框中选择链接到的目标幻灯片,如图9-19所示。完成上述设置后,播放幻灯片,鼠标移入热区时将显示对应的提示信息。

图 9-17 选中"无动作"单选按钮　　　　图 9-18 选择"幻灯片"选项

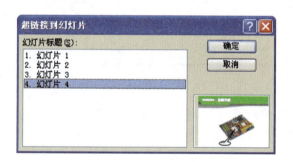

图 9-19 指定链接目标幻灯片

9.2.3 菜单

教学视频

菜单是应用程序中一种常见的交互方式,菜单的特征在于其可以折叠,使用它可以起到节省界面空间的作用。在制作课件时,如果选项较多,可以使用菜单来实现控制。

菜单的打开方式有两种,一是单击菜单标题展开选项列表;二是鼠标移过菜单标题展开选项列表。菜单有两种状态,一种是选项栏展开,另一种是选项栏收起不可见。选项栏在展开状态下,栏中的选项应该对鼠标的单击动作做出响应。从上面的描述可以看出,菜单实际上是开关按钮和热区的综合体。

PowerPoint 课件中的菜单展开方式不同,其制作方式也有所不同。下面分别对这两类菜单的制作方法进行介绍。

1. 单击展开的菜单

单击展开的菜单是通过鼠标单击菜单标题使对应的菜单展开,此时如果存在着其他已经展开的菜单,这些菜单需要收起。这种菜单可以通过进入和退出动画使菜单出现和消失,通过触发器来触发进入和退出动画以实现对菜单展开和收起的控制。

① 制作菜单并添加动画。制作菜单的展开状态，菜单中的选项应该使用单独的对象，如这里使用单独的文本框。构成菜单选项栏的各个对象进行组合，然后为组合后的对象添加进入和退出动画效果。一般情况下，为了模拟菜单展开和收起效果，进入动画可以使用从自上而下的擦除或切入动画效果，退出动画可以使用自下而上的擦除或切入动画效果，如图 9-20 所示。

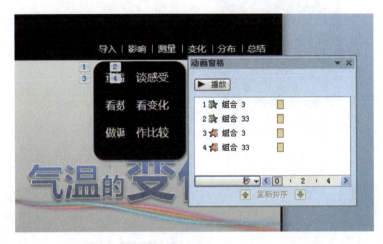

图 9-20　绘制菜单并添加动画

② 为动画添加触发器，如图 9-21 所示。这里以菜单栏中的标题文本框作为触发器，触发器将触发多个动画，包括标题文本框对应的菜单显示，其他菜单消失。在"动画窗格"面板的顶层单独为各个菜单添加"退出"类动画的"消失"动画，能保证在幻灯片开始播放时所有菜单都处于缩起状态。这里要注意，所有动画的"开始"均需要设置为"与上一动画同时"。触发器和动画效果添加完成后的"动画窗格"面板如图 9-22 所示。

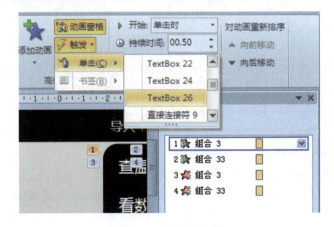

图 9-21　添加触发器

③ 创建超链接。为菜单中的文本框添加超链接，如图 9-23 所示。这样，菜单中的选项可以在幻灯片放映时控制幻灯片跳转到指定的页面。

2. 鼠标移过展开的菜单

鼠标移过展开的菜单是当鼠标指针放置到菜单标题上时展开菜单，与上面介绍的菜单

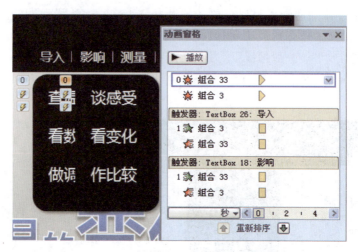

图 9-22 触发器和动画添加完成后的效果

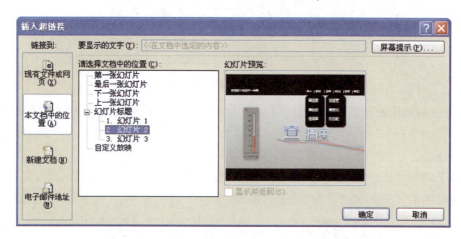

图 9-23 创建超链接

一样,此时其他展开的菜单将缩起消失。这类菜单的制作与热区交互的制作方式类似,下面介绍具体的制作方法。

① 在幻灯片中绘制菜单,并将该幻灯片复制,幻灯片复制的个数必须和菜单的个数相同。每个幻灯片中只能出现一个菜单,为这个菜单的出现添加进入动画,将动画的"开始"设置为"与上一动画同时",如图 9-24 所示。

② 在第一张幻灯片中选择一个菜单标题,在"插入"选项卡的"链接"选项组中单击"动作"按钮打开"动作设置"对话框,在"鼠标移过"选项卡中选中"超链接到"单选按钮,在下拉列表中选择"幻灯片"选项,如图 9-25 所示。在打开的"超链接到幻灯片"对话框中选择链接的目标幻灯片,如图 9-26 所示。使用相同的方法设置本幻灯片菜单栏中其他菜单标题的链接目标,链接目标必须为对应菜单所在的幻灯片。

③ 在各个幻灯片中为菜单标题设置与上述步骤相同的超链接,为幻灯片中菜单选项设置链接的目标幻灯片,完成设置后即完成本例的制作。

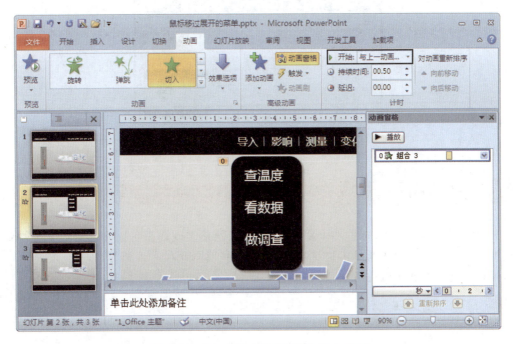

图 9-24　为幻灯片中的菜单添加进入动画

图 9-25　选择"幻灯片"选项

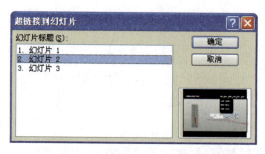

图 9-26　设置链接目标幻灯片

9.3　习题中的交互

教学中的一个重要环节是教学效果反馈，训练题是实现知识巩固和效果反馈的有效方式。课件中常见的训练题包括选择题、填空题和连线题等，本节将对课件中常见习题的制作方法进行介绍。

教学视频

9.3.1　填空题

由于 PowerPoint 在幻灯片放映时不借助于 VBA 是无法实现用户输入的，因此，在 PowerPoint 课件中，常见的填空题形式是在幻灯片中给出题目，教师控制答案显示以对学生答题情况做出反馈。

在 PowerPoint 课件中制作填空题的一种方案是，将题目和答案放置在同一张幻灯片中，为答案添加进入动画效果，然后绘制透明形状覆盖答案，以这个透明形状作为触发器来触发答案的进入动画使答案显示。具体的制作方法如下。

① 在幻灯片中输入填空题文字以及正确答案，绘制一个矩形覆盖答案，将矩形的边框线设置为"无"，将填充透明度设置为 100%，如图 9-27 所示。

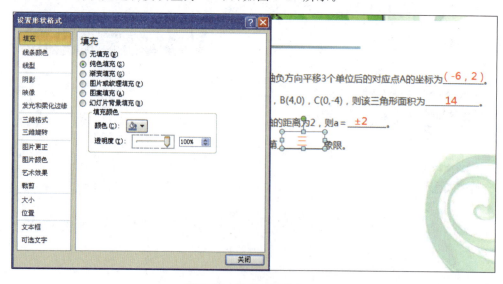

图 9-27　绘制透明的矩形

② 为答案文本框添加进入动画效果,分别将这些动画效果的触发器设置为覆盖在答案上的透明矩形,如图 9-28 所示。在放映幻灯片时,单击填空位置即可显示答案,如图 9-29 所示。

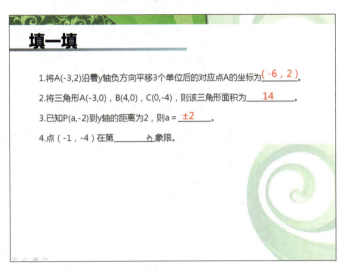

图 9-28　为动画效果添加触发器　　　　　图 9-29　单击填空位置显示答案

9.3.2　选择题

在课件中制作选择题,一般需要解决两个问题,一个是在选择题括号中显示学生选择的答案,另一个是对学生的选择做出判断。一般情况下,比较简单的做法是在幻灯片中放置好题干、选择项、答案和正误反馈信息。为答案和正误反馈信息添加进入动画后,以选择项作为触发器来控制答案和反馈信息的显示。下面以一个实例来介绍具体的制作方法。

① 在幻灯片中使用文本框输入题目和各个选项,同时输入答案以及对钩和叉号。为答案、对钩和叉号添加进入动画效果,如图 9-30 所示。这里要注意,由于一个动画只能指定一个触发器,对于需要 3 次出现的两个叉号,这里添加了 3 个相同的进入动画。当然,这里也可以为每个选择题制作 3 个叉号,为每个叉号添加一个进入动画。另外,所有动画的"开始"均要设置为"与上一动画同时"。

② 为每一个对象的进入动画效果添加触发器。例如,第一题中答案字母 A 的动画触发器为第一个选项 A 的文本框。由于选项 A 为正确答案,则第一个对钩的动画触发器也为该文本框。其他答案字母的触发器为对应的选择项文本框,同时由于此题除 A 外其他选项都是错误的,因此叉号动画的触发器分别指定为对应的选项文本框。幻灯片中的动画添加触发器,如图 9-31 所示。

③ 将每一题的答案以及对钩和叉号放置在一起,如图 9-32 所示。至此,这张选择题幻灯片制作完成。放映幻灯片,单击相应的选项将显示选择的答案,并对选择的正误进行判断,如图 9-33 所示。

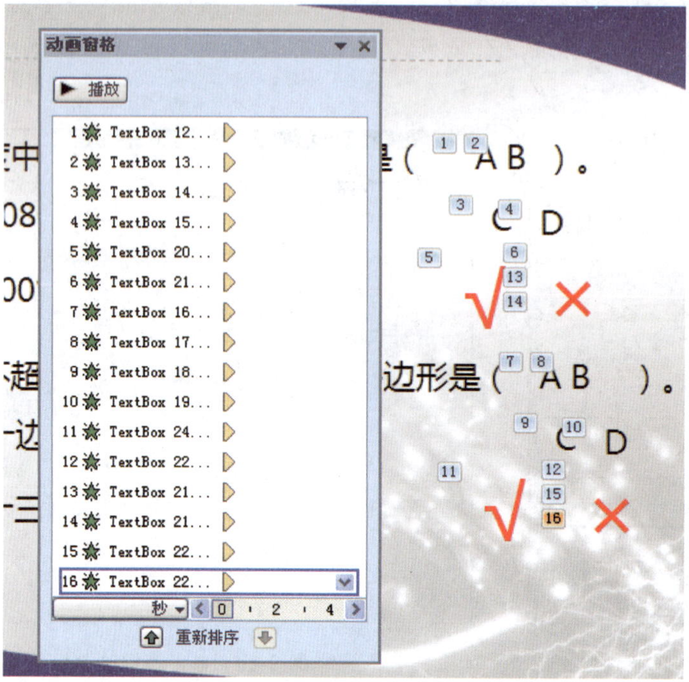

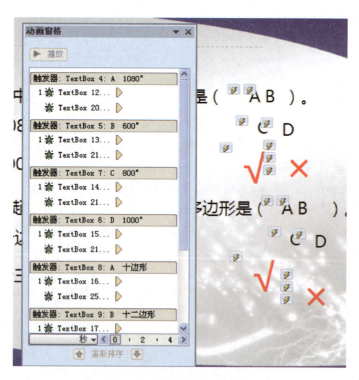

图 9-30　为对象添加进入动画效果

图 9-31　为动画添加触发器

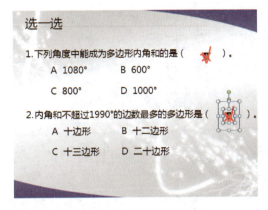
图 9-32　将对象放置在一起

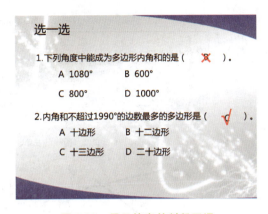
图 9-33　显示答案并判断正误

9.3.3　连线题

由于 PowerPoint 的交互能力有限,单独使用 PowerPoint 制作的连线题并非传统意义上的连线题。传统意义上的连线题应该能够在任意两个单击点处连线,能够对连线的正误进行判断并删除已经存在的连线。这样的交互效果不使用 VBA 是无法在 PowerPoint 课件中实现的。

在 PowerPoint 课件中能够制作的连线题主要还是用于显示连线的正确结果,在制作时与填空题和选择题的制作思路相同。首先绘制正确的连线方式,然后为连接线段添加进入动画效果,并为动画指定触发器。这样,在幻灯片播放时,就能够通过触发器控制连线的显示。下面介绍连线题的具体制作方法。

① 在幻灯片中创建连线对象和连接线段,为连接线段添加进入动画,如图 9-34 所示。为了模拟画线效果,可以为线条添加"擦除"进入动画效果,同时根据画线的方向来设置动画的效果选项,如将从右上向左下绘制的三条线段的"擦除"动画的"效果选项"设置为"自左侧",如图 9-35 所示。

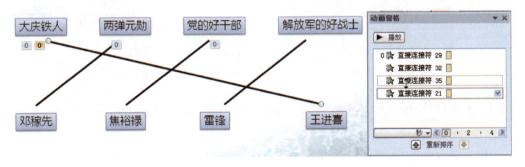
图 9-34　添加进入动画效果

② 为线段的进入动画效果指定触发器,如图 9-36 所示。在幻灯片放映时,单击人名文本框即可获得连接称号和人名的连线效果,如图 9-37 所示。

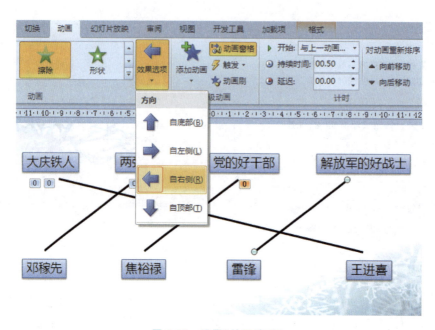

图 9-35　设置"效果选项"

图 9-36　为动画指定触发器

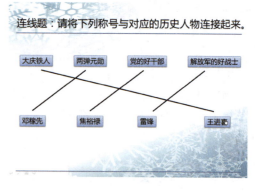

图 9-37　连线效果

9.4　功能强大的 VBA

使用 PowerPoint 制作课件有很多明显的优势，但 PowerPoint 的短板也是显而易见的，那就是其交互能力较差。如果要在 PowerPoint 课件中实现较为复杂的交互效果，就需要使用 PowerPoint VBA。

9.4.1　VBA 简介

VBA 是 Visual Basic Application 的简称，其为特定应用程序中使用的 Visual Basic 语

言。VBA 内置于 Office 应用程序中，必须依赖于宿主程序（即 Office）才能运行。在 PowerPoint 中应用 VBA 可以轻松地编写宏程序来实现许多使用 PowerPoint 无法实现的功能。

在 PowerPoint 课件中使用 VBA，可以实现重复操作的自动化，如删除课件中大量的无用对象、对幻灯片中大量文字的样式进行设置或者向幻灯片中添加大量图形等。同时，VBA 是增强 PowerPoint 课件交互性的一个有效手段，如，要实现随机出题、学生自由答题并对答题情况进行评判计分，仅依靠 PowerPoint 是不行的，必须借助于 VBA。另外，PowerPoint 还可以通过 VBA 实现与其他应用程序的交互，这大大拓展了 PowerPoint 课件的功能。

1. VBA 中的对象

与所有语言一样，VBA 编程语言同样包含语法和类库两个部分，两者结合能够完成程序的编写。VBA 的语法是书写代码的基础，用来描述怎么做。在使用 VBA 编程时，通过调用类库中的方法，可以实现对 PowerPoint 中对象的操作。

VBA 是一种面向对象的程序语言，要实现对象编程，必须首先了解 PowerPoint VBA 中的对象。在制作 PowerPoint 课件时，经常需要接触的是演示文稿、幻灯片、图形和文字等，下面对 PowerPoint VBA 中几类常见的对象进行介绍。

- Application 对象：PowerPoint 的顶层对象，从该对象开始可以访问 PowerPoint 中的所有对象。
- 演示文稿：VBA 使用 Presentation 对象来表示一个演示文稿，Presentations 对象集合表示所有打开的演示文稿。通过 Presentations 对象可以对演示文稿进行操作。
- 幻灯片：在 PowerPoint VBA 中，Slide 对象表示演示文稿中的幻灯片。由于演示文稿往往是由多张幻灯片组合而成的，所以 Slides 对象集合可以访问演示文稿中的所有幻灯片，包括对幻灯片进行添加、删除、插入和复制等。
- 形状和绘图对象：PowerPoint 的形状或绘图对象由 3 种不同对象来表示，分别为 Shapes 集合对象、ShapeRange 集合对象和 Shape 对象。Shapes 集合对象用于创建形状，并对幻灯片中的所有形状进行操作。ShapeRange 集合对象用于多个形状的操作，Shape 对象用于对单个形状进行操作。
- 文字：Shape 对象包括与文字有关的对象，它们是 TextEffectFormat 对象、TextFrame 对象和 TextRange 对象。其中，TextEffectFormat 对象用于对艺术字进行操作；TextFrame 对象表示 Shape 对象中的文本框，用于对文本框中文字的样式进行设置；TextRange 对象用于对附加于形状上的文本进行操作。

2. 控件

PowerPoint 能够很好地支持 ActiveX 控件，允许将控件插入幻灯片，并通过对控件的编程来实现各种复杂的程序功能。在演示文稿中使用控件，能够避免烦琐的编程工作，使功能的实现变得简单，也为创建具有应用程序特征的 PowerPoint 课件提供了便利。

在 PowerPoint 2010 中，打开"开发工具"选项卡，在"控件"选项组中选择需要使用的控件后，在幻灯片中拖动鼠标可以添加该控件，如图 9-38 所示。如果需要使用的控件不在"控件"选项组中，可以在该组中单击"其他控件"按钮 打开"其他控件"对话框，然后在该对话框的列表中选择需要使用的控件，如图 9-39 所示。

在幻灯片中添加控件后，可以通过在"属性"面板中更改控件的属性来设置控件的外观，

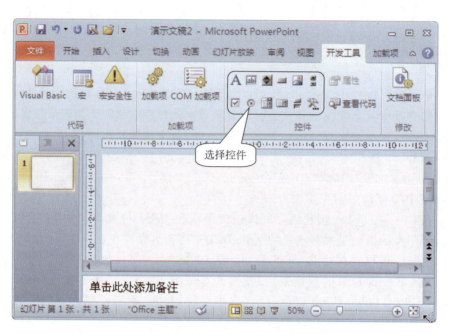

图 9-38 选择控件

如图 9-40 所示。要打开"属性"面板，可以在选择控件后在"开发工具"选项卡的"控件"选项组中单击"属性"按钮，也可以右击控件后在弹出的快捷菜单中选择"属性"命令。这里要注意的是，控件的属性既可以在"属性"面板中进行设置，也可以通过 VBA 代码来进行设置。

图 9-39 "其他控件"对话框

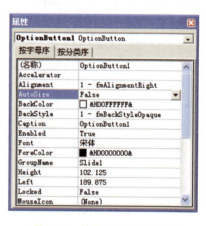

图 9-40 控件的"属性"面板

9.4.2 随机出题

在 PowerPoint 课件中，利用 VBA 可以实现随机出题。使用 VBA 制作随机出题课件的方法很多，对于纯文字性命题来说，一般都是在幻灯片中使用控件来实现，使用"文本框"控件作为题目文字的载体，使用"命令按钮"控件来控制出题，编写 VBA 程序设置"文本框"控件中显示题目。

由于 VBA 程序能够对幻灯片中的对象进行控制，因此这里还可以不使用控件，直接使

教学视频

用文本框对象作为题目文字的载体，通过编写 Sub 过程代码来实现随机出题。相对于控件编程的方法，由于可以设置 PowerPoint 中对象的样式（如对文字应用艺术字效果），这种方法能够获得更好的演示效果，更容易实现课件风格的统一。下面介绍具体的制作方法。

① 在幻灯片中添加文本框和用作按钮的图形对象，选择用于放置题目的文本框，在"选择和可见性"面板中更改文本框的名称，如图 9-41 所示。更改对象的名称后，就可以在程序中直接使用该名字来引用对象。

图 9-41　更改文本框名称

② 打开 Visual Basic 编辑器，创建一个模块，在模块的"代码"窗口中输入程序代码，如图 9-42 所示。程序中，使用 Rnd 函数获取随机数，由于本例只有 5 个题目，所以表达式 Int((5＊Rnd)＋1)将生成 1～5 之间的随机整数；使用 Select Case 结构来实现多分支选择，该结构在分支较多时十分方便。

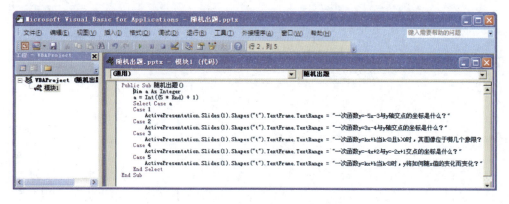

图 9-42　创建模块并输入过程代码

③ 切换回 PowerPoint 2010，选择幻灯片中的"随机出题"按钮，在"插入"选项卡的"链接"选项组中单击"动作"按钮打开"动作设置"对话框，在"单击鼠标"选项卡中选中"运行宏"

单选按钮,在其下的列表中选择步骤②创建的 Sub 过程,如图 9-43 所示。

图 9-43　选择运行的宏

④ 由于带有 VBA 程序,所以演示文稿无法保存为 *.pptx 格式,应将其保存为 *.pptm 格式,如图 9-44 所示。放映演示文稿时,单击"随机出题"按钮即能实现在幻灯片中随机出题的效果,如图 9-45 所示。

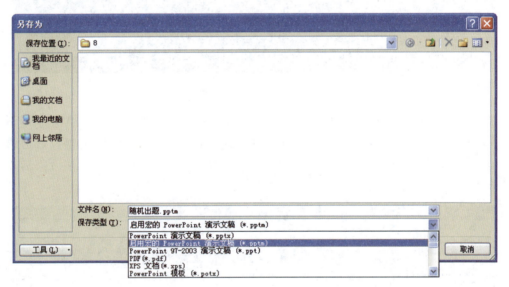

图 9-44　保存演示文稿

9.4.3　基于 VBA 的选择题

教学视频

前面介绍了使用触发器来制作选择题的方法,但使用这种方法制作出来的选择题的交互性并不强。在 PowerPoint 中,使用 VBA 控件能够方便快捷地制作交互性很强的选择题课件。

下面通过一个实例来介绍制作基于 VBA 的选择题课件的方法。在本范例中,用户通过单击相应的选项来进行答案选择,程序将能对用户的选择做出反馈。同时,程序可以取消用

图 9-45 实现随机出题

户的选择并显示正确答案。

① 在幻灯片中绘制"选项按钮"控件作为选择项,在"属性"面板中将控件 Caption 属性设置为选择题选项文字。同时,设置文字样式,如图 9-46 所示。

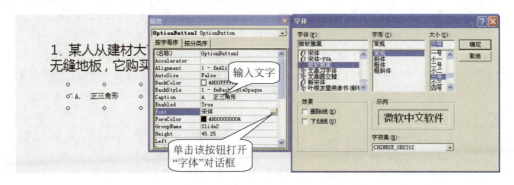

图 9-46 设置显示文字及文字样式

② 在幻灯片中绘制 4 个"命令按钮"控件,使用与步骤①相同的方法设置控件的 Caption 属性和 Font 属性。设置完成后的按钮如图 9-47 所示。

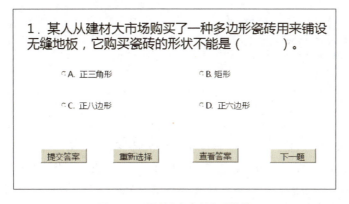

图 9-47 添加"命令按钮"控件

③ 双击"提交答案"按钮,在打开的"代码"窗口中输入如下程序代码(这样的代码在单击该按钮时被执行,称为 Click 事件响应程序),使用 If 结构判断是否选择了"C.正八边形"选项,如果选择正确,则使用 MsgBox 函数显示正确提示信息,否则将显示错误提示信息。

```
Private Sub CommandButton1_Click()
    Dim m
    If OptionButton3.Value = True Then
        m = MsgBox("恭喜你,答对了!", vbOKOnly)
    Else
        m = MsgBox("很抱歉,答错了,还需要继续努力哟!", vbOKOnly)
    End If
End Sub
```

④ 双击"重新选择"按钮,在"代码"窗口中输入如下程序代码,将 4 个"选项按钮"控件的 Value 属性设置为 False,这样可以在单击按钮时取消它们的被选择状态。

```
Private Sub CommandButton2_Click()
    OptionButton1.Value = False
    OptionButton2.Value = False
    OptionButton3.Value = False
    OptionButton4.Value = False
End Sub
```

⑤ 双击"查看答案"按钮,在"代码"窗口中输入如下程序代码,将正确选项对应的"选项按钮"控件的 Value 属性值设置为 True,其他"选项按钮"控件的 Value 属性值设置为 False。当单击"查看答案"按钮时,正确答案处于选择状态。

```
Private Sub CommandButton3_Click()
    OptionButton1.Value = False
    OptionButton2.Value = False
    OptionButton3.Value = True
    OptionButton4.Value = False
End Sub
```

⑥ 双击"下一题"按钮,在"代码"窗口中输入如下程序代码,使用 MsgBox 函数创建提示对话框,使用 If 语句判断用户是否单击了对话框中的"是"按钮,如果是,则进入下一张幻灯片。

```
Private Sub CommandButton4_Click()
    If MsgBox("要继续完成下一题吗?", vbYesNo + vbQuestion) = vbYes Then
        With SlideShowWindows(1).View
            .Next
        End With
    End If
End Sub
```

⑦ 在放映幻灯片时,首先单击答案对应的单选按钮答题,然后单击"提交答案"按钮,程序会根据选择正误给出提示信息,如图 9-48 所示。单击"重新选择"按钮,将取消对答案的选择;单击"查看答案"按钮,程序将自动选择正确答案;单击"下一题"按钮,程序将给出提示对话框提示是否继续完成下一题,如图 9-49 所示。

图 9-48　选择正确时的提示信息

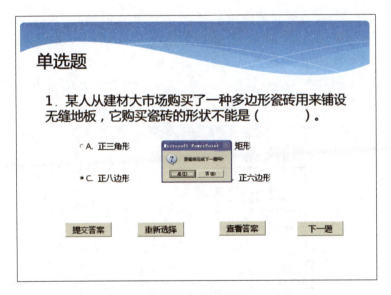

图 9-49　提示是否继续完成下一题

9.4.4　播放 Flash 动画

Flash 动画是当前流行的动画方式,也是制作多媒体课件的一大利器,在 PowerPoint 课件中使用 Flash 动画能够弥补 PowerPoint 动画制作能力的不足。

PowerPoint 中使用 Flash 动画的方法一般有两种,一种是以对象的形式插入动画,另一种是使用 ActiveX 控件。使用 ActiveX 控件来播放 Flash 动画,能够将动画嵌入幻灯片,同时也可以对动画的播放进行控制,这是 PowerPoint 课件中使用 Flash 动画的一种比较好的方法。下面通过一个实例来介绍使用 ActiveX 控件实现 Flash 动画播放控制

教学视频

的具体方法。

① 打开"其他控件"对话框，在列表中选择"Shockwave Flash Object"选项，如图9-50所示。拖动鼠标在幻灯片中绘制控件，如图9-51所示，拖动控件边框上的控制柄对控件的大小进行调整，拖动控件调整控件放置在幻灯片中的位置。

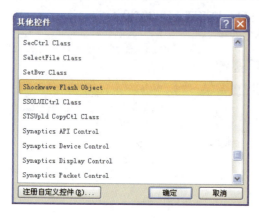

图9-50　选择控件

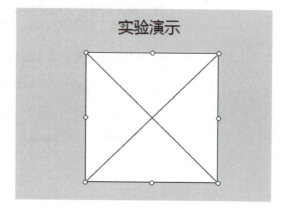

图9-51　绘制控件

② 选择控件，在"属性"面板中对控件的属性进行设置，如图9-52所示，这里将EmbedMovie属性设置为True，使Flash动画成为嵌入动画。控件的Movie属性用于指定需要播放的Flash文件，这里需要输入详细的文件路径和文件名。由于本例准备使用按钮来控制动画的播放，所以将Playing属性设置为False，使动画不会在加载时直接播放。完成上述属性设置后，播放幻灯片Flash动画将会被加载，但不会播放。

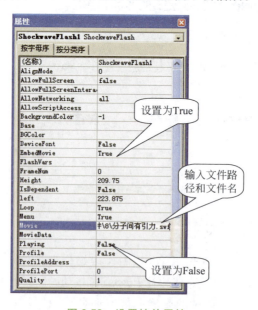

图9-52　设置控件属性

③ 在幻灯片中添加6个"命令按钮"控件，在"属性"面板中设置它们的Caption属性和Font属性对按钮上显示的文字及其样式进行设置，如图9-53所示。

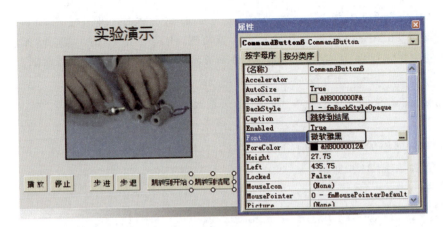

图 9-53 设置 Caption 属性和 Font 属性

④ 双击幻灯片中的"播放"按钮,在打开的"代码"窗口中输入如下程序代码,调用 ShockwaveFlash Object 对象的 Play 方法来播放动画。

```
Private Sub CommandButton1_Click()
    ShockwaveFlash1.Play
End Sub
```

⑤ 双击幻灯片中的"停止"按钮,在打开的"代码"窗口中输入如下程序代码,调用 ShockwaveFlash Object 对象的 Stop 方法来停止动画的播放。

```
Private Sub CommandButton2_Click()
    ShockwaveFlash1.Stop
End Sub
```

⑥ 在"代码"窗口中分别为"步进"按钮和"步退"按钮添加如下程序代码(这里以"步进"按钮为例,"步退"按钮上的代码类似)。两段代码调用 ShockwaveFlash Object 对象的 GotoFrame 方法使动画播放头跳转到指定的帧,同时通过 CurrentFrame 属性值获取当前的帧数,将其加 40 或减 40 得到跳转的目标帧,单击按钮时,将能够使动画前进 40 帧或后退 40 帧播放。

```
Private Sub CommandButton3_Click()
    ShockwaveFlash1.GotoFrame (ShockwaveFlash1.CurrentFrame + 40)
    ShockwaveFlash1.Play
End Sub
```

⑦ 在"代码"窗口中为"跳转到开头"按钮添加如下程序代码,使用 ShockwaveFlash Object 对象的 Rewind 方法将动画播放头放置到动画开头。幻灯片播放时,单击该按钮,将使动画从头开始播放。

```
Private Sub CommandButton5_Click()
    ShockwaveFlash1.Rewind
    ShockwaveFlash1.Play
End Sub
```

⑧ 在"代码"窗口中为"跳转到结尾"按钮添加如下程序代码,使用 ShockwaveFlash Object 对象的 TotalFrames 属性获取动画的总帧数,使用 GotoFrame 方法使播放头移到总帧数指明的位置。这样,在幻灯片播放时,单击该按钮,动画播放将跳转到结尾。

```
Private Sub CommandButton6_Click()
    ShockwaveFlash1.GotoFrame (ShockwaveFlash1.TotalFrames)
End Sub
```

⑨ 完成程序添加后播放当前幻灯片,在幻灯片中单击相应的按钮能够对 Flash 动画的播放进行控制,如图 9-54 所示。

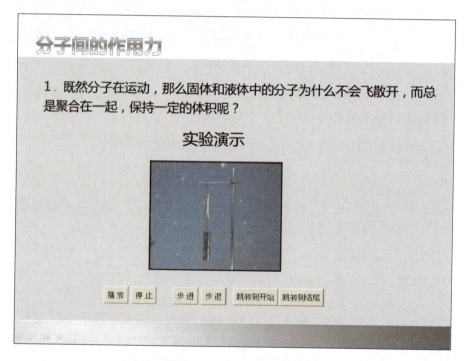

图 9-54 幻灯片播放效果

第10章
典型 PPT 课件应用解析

本章主要内容：
- 演示型课件制作解析
- 资料型课件制作解析
- 课堂训练型课件制作解析

多媒体课件种类繁多,制作相对灵活,很难找到一种固定、一成不变的模式。在课堂上使用课件的主要目的就是帮助教师解决课堂上的教学问题,突破教学难点,帮助学生解决学习问题。因此,无论课件使用什么样的模式,能够切实为课堂服务的就是实用的教学课件。本章将从课堂教学出发,介绍在课堂上使用较多的 3 种 PowerPoint 课件的制作思路和技巧。

10.1 演示型课件

在课堂教学中,经常会遇到一些比较抽象的概念和原理,这些内容往往不容易理解。教师在课堂教学中,如果能够将这些抽象的内容以形象生动的方式表现出来,就能实现教学难点的突破,达到事半功倍的教学效果。

教学视频

10.1.1 演示型课件概述

演示型课件主要是根据教学内容和教学目标的需要,利用图形和动画等多种手段来描述事物的运动过程和形状,揭示事物的内在规律,将抽象、难以理解的知识对象转变为直观生动的视觉信息。演示型课件一般是为了解决课堂教学中的教学重难点而开发的,其注重对学生的启发和提示,反映问题解决的过程,主要用于课堂的演示教学。

演示型课件采用多媒体技术将教学内容中抽象的概念以形象而具体的方式表现出来,这种直观的表达方式容易理解和掌握,也能有效地吸引学生注意力,提高学生对学科知识的兴趣。演示型课件在制作时要求画面直观,能够通过创造情境来调动学生的积极思维,以主动构建知识的意义,使学生的学习能力能够在建构的过程中得到培养。

演示型课件一般有两种形式。一种形式是静态型,这种形式的课件主要是利用图形处理技术,使用绘图工具等制作静态图形,然后配以其他媒体,如文字和声音等。这种类型的课件在课堂上经常遇到。另一种形式的演示型课件是动态演示型课件,这种课件主要利用动画技术,以动画为主,配以文字、声音和视频等媒体手段。这种形式的课件通常通过动画来揭示复杂和抽象的原理,进而展现变化的过程。

10.1.2 演示型课件制作解析

演示型课件在使用时需要大屏幕显示设备和高亮度投影仪等硬件设备的支持,课件在设计时应该突出教师的教学思想,应以弥补传统教学手段的不足为目的。下面通过一个演示型课件《定滑轮的特征》的制作来介绍该类课件的特点以及一般制作思路,该课件以定滑轮动画来揭示其特征,课件制作的重点是 PowerPoint 复杂动画的创建和控制的实现。

1. 界面设计

演示型课件主要用于课堂演示教学,需要以形象、生动和具体的方式表现教学内容,课件的设计以教师的教学流程为设计原则,应充分体现教师的教学思想,选择可以突出教学主体的内容进行显示。《定滑轮的特征》课件在教学中以动画的形式展示定滑轮的特征,采用简洁的界面,避免了不必要的信息干扰,突出了需要演示的动画效果。

课件以一张简洁的图片作为背景,该图片以圆圈和圆点图形为主,能够在幻灯片中划分出演示区域。首先将图片插入幻灯片,通过文本框在幻灯片中添加标题文字。然后使用绘图工具在幻灯片的上端和下端绘制水平线,以在视觉上进一步明确演示区域,同时上端的水平线还起到分隔主标题和副标题的作用,如图 10-1 所示。

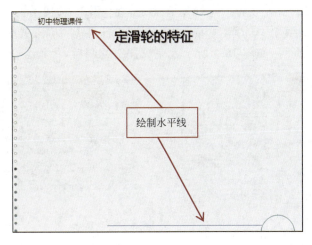

图 10-1　课件主界面

2. 内容规划

演示型课件在演示的同时应该注意知识的传递,揭示展示内容和知识要点之间的内在联系。本实例采用了两张幻灯片,第一张幻灯片以动画的方式演示定滑轮的特征,同时给出对定滑轮特征的描述;第二张幻灯片使用静态图像展示受力情况,并给出文字描述。

在主界面幻灯片中使用文本框创建文字,并设置文字的样式,调整文本框的大小和位置。然后复制该幻灯片,更改文本框中文字的内容,并对文本框的大小进行调整。这里在幻灯片左侧留出空间用以放置需要展示的图形,如图 10-2 所示。

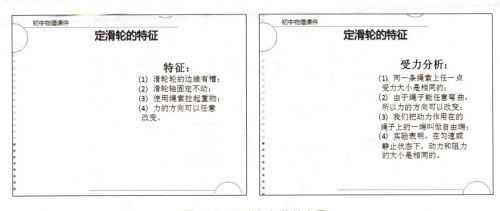

图 10-2　两张幻灯片的布局

3. 绘制图形

演示型课件重在过程的演示,课件可以由文本、图形、图像、动画、声音和视频等多种媒体信息构成。为了提高课件的制作效率,教师可以直接使用外部素材文件。但很多情况下,教师往往无法找到符合课件需要的素材,包括素材外观符合课件的整体设计风格、素材本身要符合课件的教学需求以及能够根据需要实现素材对象的编辑、修改和添加各种特效等。此时,用户就需要自主创建素材对象,本例中的动滑轮和重物即是使用 PowerPoint 绘图工具制作完成的。

① 绘制挂钩。使用 PowerPoint 的绘图工具绘制挂钩的各个组成元素，如图 10-3 所示，完成图形绘制后使它们对齐放置。选择所有图形，在"格式"选项卡的"排列"选项组中单击"对齐"按钮，在弹出的菜单中选择"左右居中"命令或"上下居中"命令使它们居中对齐，然后适当调整元件的位置即可，如图 10-4 所示。完成挂钩绘制后，将其组合为一个图形。

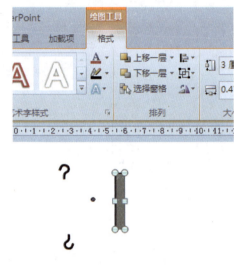

图 10-3　绘制图形

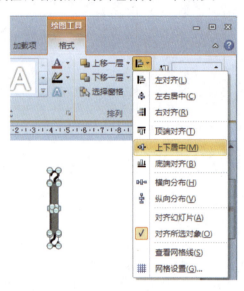

图 10-4　使图形对齐放置

② 绘制滑轮。绘制一个圆形作为滑轮框，打开"设置形状格式"对话框，在对话框中设置线型线条宽度和复合类型，如图 10-5 所示。绘制一个圆形，取消其边框线后对其应用渐变填充，使其具有立体感，如图 10-6 所示。绘制交叉放置的两个矩形，将绘制的图形居中对齐放置以获得滑轮形状，如图 10-7 所示。最后，将这 3 个图形组合为一个图形。

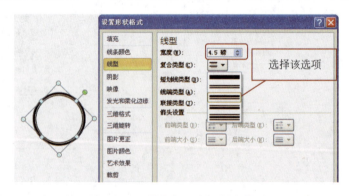

图 10-5　设置线条宽度和复合类型

③ 绘制重物和拉绳。首先绘制一个无边框的正方形，打开"设置形状格式"对话框，在左侧窗格中选择"三维格式"选项，在右侧窗格对图形的三维格式进行设置以获得一个正方体，具体设置如图 10-8 所示。绘制一条直线，将其放置在正方体上方，并与其组合为一个图形，然后在上方再绘制一条直线。至此，重物和拉绳绘制完成，如图 10-9 所示。

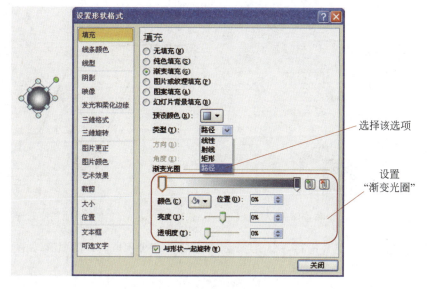

图 10-6 设置渐变填充

图 10-7 滑轮

图 10-8 获得正方体

④ 绘制其他图形。在幻灯片中绘制墙体和钩环,然后插入手拉绳的图片并绘制一个红色箭头,再绘制一条和手拉绳图片中绳子长度和宽度相同的直线,如图 10-10 所示。

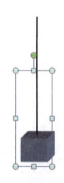
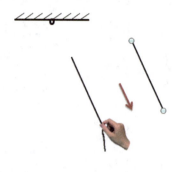

图 10-9　重物和拉绳　　　　　图 10-10　在幻灯片中添加其他元素

⑤ 组合图形。在幻灯片中将各个图形元素放置在一起即构成需要的图形,如图 10-11 所示。

专家点拨　图 10-10 中绘制的直线应该能盖住手拉绳图片上的绳子,同时要注意各个图形对象间的层级关系,可以在选择图形后通过"格式"选项卡"排列"选项组中的"上移一层"或"下移一层"菜单命令来进行调整。

⑥ 复制滑轮。全选滑轮图形,将其复制到下一张幻灯片中,再在图形中添加重力的作用线并标示出力,如图 10-12 所示。

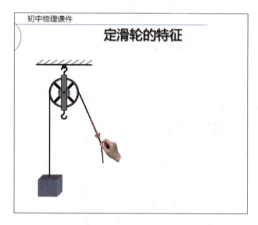
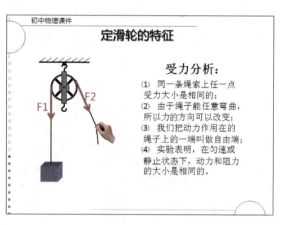

图 10-11　组合图形　　　　　图 10-12　复制图形并添加力的标示

4. 实现动画

演示型课件的制作要体现以学生为主体的思想,将教学内容形象化、具体化和直观化,可以使用视频或动画来突破教学难点,优化教学过程。本课件需要通过动画来展示定滑轮的特征,动画的制作是课件制作的关键。本例中的动画包括重物向上和向下的运动、手拉绳上下运动以及滑轮自身的旋转等,动画制作的关键是实现运动的往复和不同动画之间的同步。

① 实现定滑轮的旋转。定滑轮的旋转使用"强调"动画类型中的"陀螺旋"动画效果来实现。在"陀螺旋"对话框"计时"选项卡中的"期间"下拉列表中选择"慢速(3 秒)"选项设置动画的运行时间,在"重复"下拉列表中选择"直到幻灯片末尾"选项使动画能够不断运行,如

图 10-13 所示。滑轮在正向旋转完成后需要反向旋转回到开始的位置,在"效果"选项卡中勾选"自动翻转"复选框即可,如图 10-14 所示。

图 10-13 "计时"选项卡的设置

图 10-14 "效果"选项卡的设置

② 制作手拉绳动画。在幻灯片中选择手拉绳的图片,在"动画"选项卡中"动画"选项组的"动画样式"列表中选择"动作路径"栏中的"直线"选项,拖动鼠标绘制动画路径,然后在"计时"选项组中对"开始"和"持续时间"进行设置,如图 10-15 所示。这里应该将"开始"设置为"与上一动画同步",将"持续时间"设置得与上一动画相同,以保证手拉绳动画与滑轮旋转动画同步。同样地,要在"动画设置"对话框的"效果"选项卡中勾选"自动翻转"复选框,如图 10-16 所示。

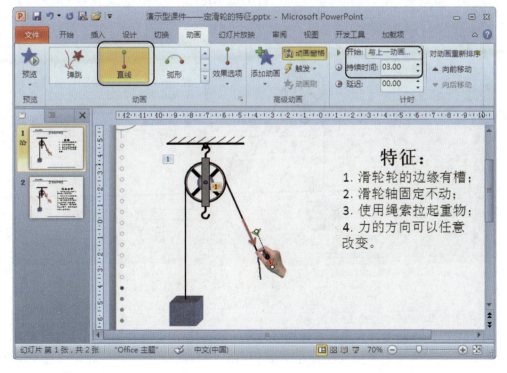

图 10-15 创建直线路径动画

图 10-16 勾选"自动翻转"复选框

③ 制作重物和箭头移动动画。使用相同的方法为重物和红色箭头添加动画效果,这里动画的设置与步骤②中手移动动画效果的设置方法完全相同,如图 10-17 所示。

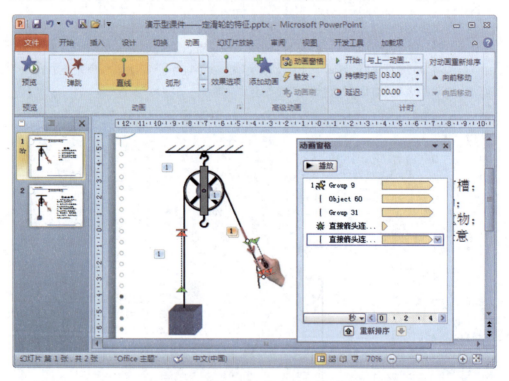

图 10-17 创建重物和箭头移动动画效果

5. 实现交互

一般情况下,演示型课件不存在课件与学生间的交互,但是课件需要教师来控制演示的开始和结束,并对教学中需要显示的内容进行控制。本例将以触发器的方式来控制演示动画的开始,同时使用自制图形作为按钮将演示文稿由当前幻灯片切换到下一张幻灯片。

① 创建交互按钮。在第一张幻灯片中绘制两个圆角矩形，在矩形中输入文字，这两个带有文字的圆角矩形将作为交互按钮使用。由于滑轮旋转动画是动画序列中的第一个动画，切换到"动画"选项卡，选择滑轮图形，将作为按钮的圆角矩形指定为该开始动画开始的触发器，如图 10-18 所示。

图 10-18　指定触发器

② 选择第二个圆角矩形，打开"插入超链接"对话框，将链接目标设置为"下一张幻灯片"，如图 10-19 所示。

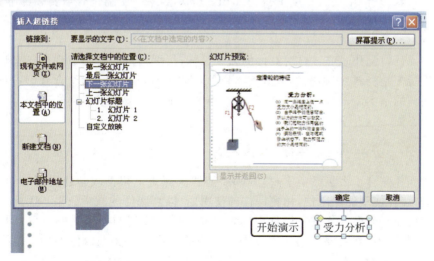

图 10-19　设置超链接

③ 放映课件，单击"开始演示"按钮，将在幻灯片中演示拉动定滑轮的动画效果；单击"受力分析"按钮，将跳转到下一张幻灯片展示对定滑轮的受力分析，如图 10-20 所示。至

此，本实例制作完成。

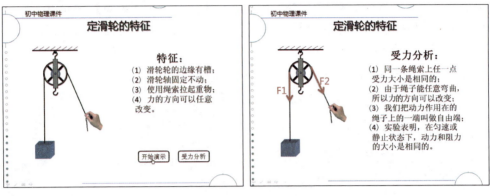

图 10-20　课件放映效果

10.2　资料型课件

资料型课件以内容展示为主，既可以用于教师的课堂教学活动，又可以用于帮助学生自主学习。

10.2.1　资料型课件概述

资料型课件是一种基于内容的课件模式，根据学习目标的要求将课程或教学内容划分为专题，以特定的形式向学生提供所需的学习资料，从而使学生获得知识，实现学习目标。在课件制作时，教师根据教学和学生学习的需要将文本资料、图片资料、视频录像和动画素材等内容组织在一起，通过不同角度将其展示出来，在传递知识的同时，满足学生的学习需求，使学生最大程度上获得知识。资料型课件在制作时需要教师准备大量素材，如图片、声音和视频等，这样才能保证课件内容丰富多彩，能够适用于不同的层次学生的教学需要。

教学视频

资料型课件在制作时应该针对具体的教学目标，根据一定的分类原则进行素材的组合。课件的本质特征是资料性，根据教学情境和教学对象的不同有选择地组合教学素材。因此，此类课件制作的基本原则是"以不变应万变"，所谓的不变是指教学资料的不变，而万变是指教学情境的不同。

10.2.2　资料型课件制作解析

资料型课件整合了大量教学素材，教师要能够在课堂上根据教学的需要对知识进行显示组合，打破课件使用的局限性，拓宽课件的使用面，提高课件的教学效果。因此，资料型课件的制作关键在于导航。导航在课件中的作用是让学生知道自己所处的位置，同时能够从相应的知识页面跳转到需要去的位置以展示相关的内容。资料型课件很少使用线性结构，课件中的导航要求能够指示清楚、来去自如并能控制知识演示的顺序。资料型课件导航的表现形式很多，下面重点介绍两种最常见的导航形式。

1. 框架式导航

资料型课件可以使用框架式结构，这种结构将需要显示的内容放置于独立的页面中，在课件中设置专门的导航页,导航页中放置内容目录,通过单击目录中的选项,可以打开需要的内容页。在内容页中放置翻页按钮和"回到目录页"按钮,以方便页面的切换。

(1) 课件封面页。资料型课件一般都应该有独立的封面页,封面页用于展示课件标题和课件制作者信息等,如图 10-21 所示。

图 10-21　课件的封面页

(2) 课件的目录页。课件具有独立的导航页,导航页通常以目录的形式显示课件的知识结构,目录同时显示的也是课件的知识要点,如图 10-22 所示。同时,导航页应该提供导航到指定内容页面的方式,用户通过单击目录项能够跳转到指定页面显示相应的内容。在 PowerPoint 中常使用超链接的方式来实现这种跳转,如图 10-23 所示。

图 10-22　独立的导航页

(3) 具有相同结构的内容页。内容页的页面内容各不相同,但结构相同。内容页包括需要显示的内容、页面标题和实现页面跳转的操作按钮。其中,页面标题用于显示当前页面的内容,同时也指示当前的操作进度。为了实现页面的转换,页面中需要放置导航按钮,如

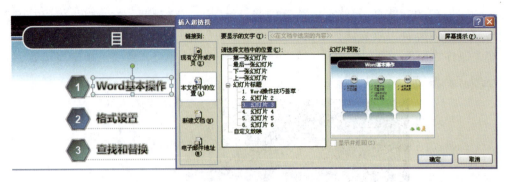

图 10-23　设置导航目标

"上一页"按钮、"下一页"按钮和"回到目录"等按钮。按钮可以使用素材图片,也可以使用 PowerPoint 的绘图工具来绘制。按钮根据需要放置在页面的适当位置,放置位置应该便于操作且不影响内容的显示,如图 10-24 所示。在 PowerPoint 中,导航按钮功能的实现同样可以使用超链接的方式,如图 10-25 所示。完成上述制作后,课件也就制作完成了。

图 10-24　放置导航按钮

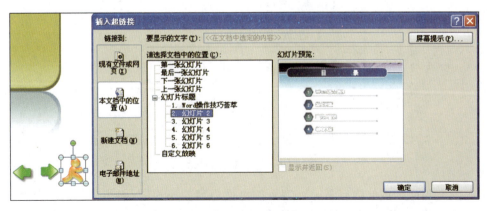

图 10-25　以超链接方式实现导航

2. 目录式导航

资料型课件也可以使用目录式结构导航，这种结构是 PowerPoint 多媒体课件的一种常见的结构。在这种结构的课件中不设置单独的目录页，导航目录直接放置到课件的每个页面中。页面将划分出目录区和内容区，用户可以直接单击目录区中的目录项使对应的内容在页面的内容区中显示。

（1）主界面。资料型课件一般以知识点作为分类线索，目录项即为课件需要展示的知识点。对于目录式结构的课件，目录将在每个内容页面中出现，此时需要在课件页面中划分出目录区域和内容区域，如图 10-26 所示。

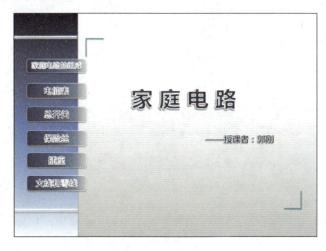

图 10-26　主界面

（2）内容页。对于资料型课件，课件内容页的结构应该相同，页面中除了需要显示的内容和导航栏之外，还应该包含当前内容标题和标示当前进度的标记，如图 10-27 所示。由于页面中已经包含了导航目录，所以一般不需要设置诸如"上一页"或"下一页"这样的用于控制页面跳转的导航按钮。

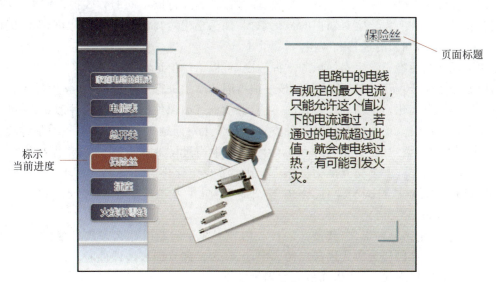

图 10-27　内容页

(3) 导航。在课件的所有页面中，导航目录项的导航目标需要设置得相同。实现导航的方法同样是采用超链接，如图 10-28 所示。在制作课件时，可以先制作主界面，并为各个内容页添加内容，然后再制作导航目录。在第一张幻灯片中设置导航目录项的链接目标，并将它们按照需要排列，然后选择这些目录项后将它们粘贴到其他内容页面。在粘贴到目标幻灯片中时，PowerPoint 会保留超链接，并将它们自动粘贴到与源幻灯片相同的位置。

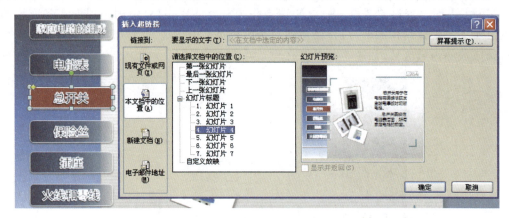

图 10-28　设置导航超链接

10.3　课堂训练型课件

对学习的知识进行训练是教学过程中的一个重要环节，通过知识的训练，教学者可以了解学生的学习情况，对教学效果进行反馈，并通过对知识的应用加强学生对所学知识的理解。

教学视频

10.3.1　课堂训练型课件概述

课堂训练型课件主要呈现各类训练题，通过课件的运行以不同的方式提出问题，通过即时交互和反复训练实现学生对知识的强化掌握，加深学生对知识的理解，帮助学生巩固所学知识，促进学生对知识的迁移和应用。

为了保证全面检查学生对知识的掌握程度，可以给学生足够的演练机会，课堂训练型课件知识覆盖面要全，所出问题的难度应该根据不同的学生进行适量分配，使学生最大程度上对所学知识进行固化。根据训练方式的不同，课堂训练型课件通常会有两种形式，一种是测试型课件，通过选择、填空或判断等多种方式来让学生对问题进行应答；另一种是游戏型课件，做成益智型小游戏，让学生在愉快的学习情境中通过游戏来掌握知识并提高能力。对于 PowerPoint 来说，由于交互能力的限制，制作游戏型课件并不容易。因此，常见的课堂训练型课件一般都是测试型课件，没有复杂的交互，主要用于展示各种问题以及问题的答案。

实际上，无论是哪种形式，其设计的核心内容无非是问题以什么方式呈现、学生以什么方式回答以及课件以什么方式进行反馈。因此，在设计课堂训练型课件时，合理设计这 3 个内容的呈现和运行方式，就能达到最终的训练效果。

10.3.2 课堂训练型课件制作解析

本节将介绍一个课堂训练型课件的制作过程,该课件用于课堂授课,其制作目的是针对知识要点对学生进行综合训练,对知识点进行归纳,从而增强学生对知识的理解,并提高学生对知识的应用能力。从课堂授课的需要出发,课件采用"知识回顾→基础训练→综合应用→应用拓展→练后小结"的线性结构,没有使用复杂的交互,画面和内容的切换均通过在幻灯片中单击来触发完成。

1. 课件内容的规划

用于课堂的训练型课件常常是让学生对知识进行一个综合性训练,应该具有对知识的归纳和训练小结的功能,指出学习的要点,提示学生应该掌握的技能,引导学生有针对性地进行二次学习。课件应该设置合适的问题,充分发挥多媒体课件的优势,给学生以动手动脑的机会,降低学生的学习惰性。

(1)"知识回顾"页和"练后小结"页。在课堂训练之前,应该对知识点进行回顾,唤起学生的记忆,归纳知识要点。本课件以"知识回顾"页的形式来实现这一过程,如图10-29所示。完成课堂训练后,应该对有关知识要点进行提示,以起到画龙点睛的作用,帮助学生归纳和反思。本例课件以"练后小结"页的形式帮助学生进行练后归纳,如图10-30所示。

图 10-29 课件的"知识回顾"页

图 10-30 课件的"练后小结"页

(2)课件中的训练题。训练型课件设计的关键在于问题的设置,课件中问题的难度要适中,过于简单无法引起学生的思考,达不到提高学生能力的目的;过难的问题则会挫伤学生学习的积极性,甚至可能导致学生放弃学习。因此,问题的设置应该兼顾较多的使用人群,题目应该根据学生的层次从简单到复杂进行排列,问题难度要进行分割,保证学生学习的步骤。基于以上原则,本课件将训练题分为"基础训练""综合应用"和"应用拓展"3个层次,分别放置于3个幻灯片中,如图10-31所示。

2. 答案呈现的方式

课件中的问题是给学生训练的,课堂上应该对学生的训练情况及时给予反馈,因此课件的一个基本需求就是能够提供正确的解答。在课堂上,教师应该能对解答出现的时机给予控制,以符合练习和讲解的需要。同时,不同难度的解答应该分级逐次显示,而不应该一次性显示。本例问题答案的呈现方式相对简单,教师授课常采用传统的"提出问题→给出解答→分析解答"的模式,因此课件采用线性结构。在这种模式下,答案的显示也将按照教师

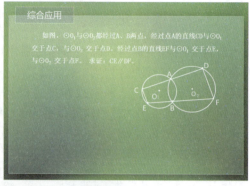

图 10-31 课件中的训练题

讲解的过程逐次显示,因此课件采用简单的单击来控制内容的显示和消失。本例中填空题的实现方式采用 9.3.1 小节介绍的方法,这里不再赘述。在"综合应用"页面中,为了配合教师的讲解,不同级别答案的显示由教师通过单击来控制,答案将经历"答案显示→答案消失→新答案显示"的过程。下面重点介绍这种依次呈现多个不同答案的实现方式。

① 添加页面内容。在页面中添加题目、题图和该题的 3 个解答方法,由于 3 个解答方法将使用不同的辅助线,所以这里使用两个图形,并在图形中绘制需要的辅助线,如图 10-32 所示。

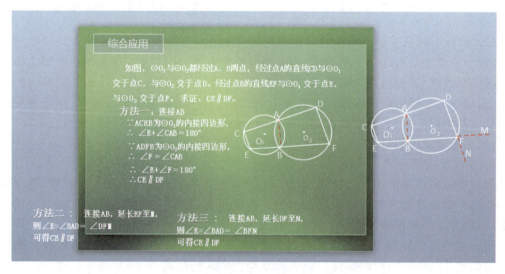

图 10-32 添加页面内容

② 添加"进入"动画效果。为 PowerPoint 幻灯片中的对象添加"进入"动画效果后，放映幻灯片时，如果动画没有播放，对象将不会显示。利用"进入"动画这一特点，可以实现对对象显示的控制。本例中，题目和未添加辅助线的原始图形将最先显示，而各种解法以及解法对应的图形和辅助线将不可见。要实现这种效果，应首先为幻灯片中的文字及图形添加"进入"动画效果，如图 10-33 所示。

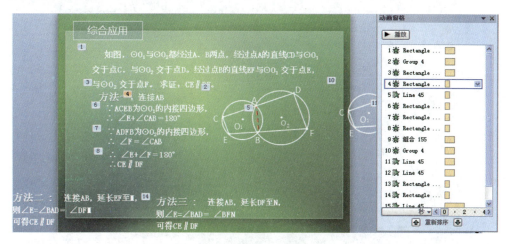

图 10-33　添加"进入"动画效果

③ 设置对象出现的时机。答案呈现的时机应该由教师进行控制，本例使用最简单的单击方式来使答案出现。课件中，文字"方法一"需要最先呈现，这里将其"进入"动画的开始方式设置为"单击时"，如图 10-34 所示。为了体现解题的过程，答案"方法一"中的文字不是一

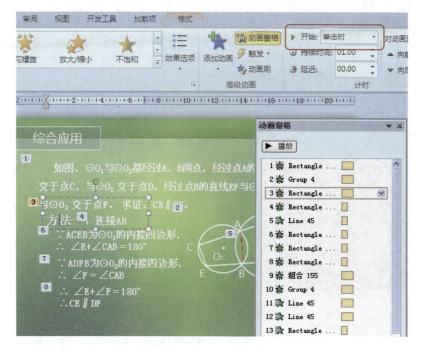

图 10-34　将文字"方法一"动画的开始方式设置为"单击时"

次全部呈现,文字"连接AB"将在文字"方法一"出现之后出现,其开始方式应该设置为"上一动画之后",如图10-35所示;而其他文字由鼠标控制依次呈现,这些文字均使用"鼠标单击"的动画开始方式。在答案"方法一"中,文字"连接AB"出现时,图形中的辅助线AB将出现,将该动画的"开始"设置为"与上一动画同时",如图10-36所示。

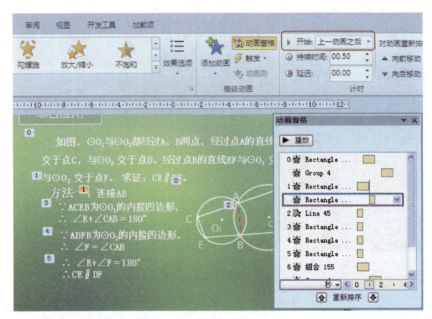

图10-35 将动画开始方式设置为"上一动画之后"

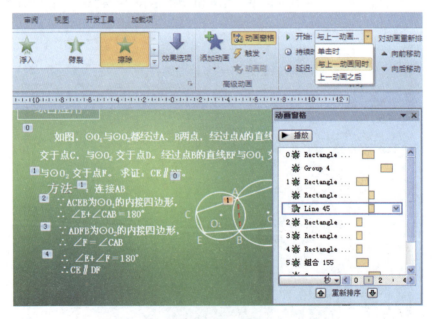

图10-36 将动画开始方式设置为"与上一动画同时"

④ 为对象添加"退出"动画效果。在完成每一种解法的讲解后,该解法从幻灯片中消失,同时下一种解法出现。在PowerPoint中,要使幻灯片中的对象消失,应该为其添加"退

出"动画效果。例如，为答案"方法一"的所有相关文字和图形对象添加"退出"动画效果，在"动画窗格"中将这些"退出"动画效果选项放置到答案"方法二"的相关文字和图形的"进入"动画效果之前，如图10-37所示。

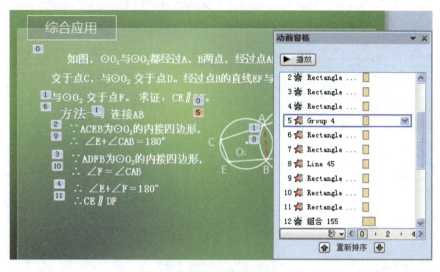

图10-37 添加"退出"动画效果

⑤ 设置对象消失的时间。对于答案"方法一"文字和图形的消失时间应该由教师进行控制，这里将这一系列"退出"动画效果中第一个动画的"开始"设置为"单击时"，如图10-38所示；将紧随这一系列"退出"动画效果第一个"进入"动画效果的"开始"设置为"上一动画

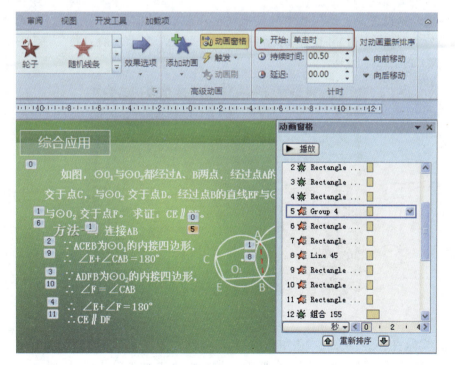

图10-38 将"开始"设置为"单击时"

之后",如图 10-39 所示。这样,当答案"方法一"的相关文字和图形消失后,答案"方法二"的相关文字和图形将自动出现。

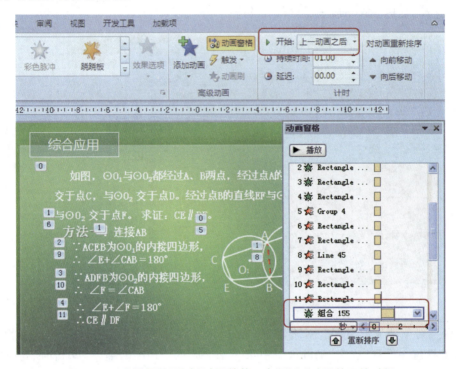

图 10-39　设置紧随"退出"动画的第一个"进入"动画的开始时间

⑥ 完成动画设置。为幻灯片中的其他文字和图形添加"退出"动画效果,调整它们在"动画窗格"面板中的位置,并设置动画的开始时间。完成动画创建后,将文字和图形放置到需要的位置,如图 10-40 所示。

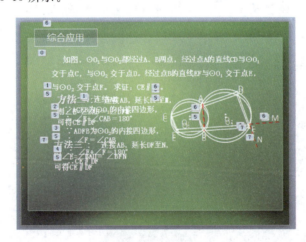

图 10-40　放置对象

⑦ 制作"应用拓展"页面。"应用拓展"页面的制作方式和"综合应用"页面的制作方式类似,在完成文字和图形的创建后,根据需要为它们添加动画效果即可,如图 10-41 所示。

至此，本实例制作完成。

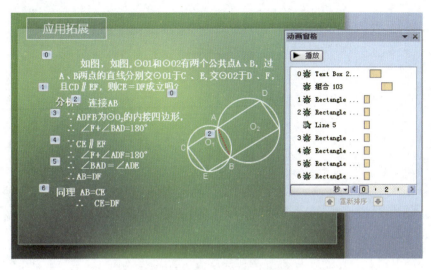

图 10-41 "应用拓展"页面中的动画制作

第 11 章
顺畅地播放 PPT 课件

本章主要内容：
- 播放课件前教师需要做什么
- 播放课件时教师能做什么
- 课件的打包
- 课件的发布

11.1 播放课件前教师需要做什么

要上好一堂课,教师应该做好充分准备。在准备使用多媒体设备上课时,教师需要了解使用的设备,知道它的功能,掌握使用方法,看看设备是否都能正常使用,同时还需要熟悉课件的流程、播放和控制方式等。

11.1.1 准备好提示自己的备注

教学视频

经常使用 PowerPoint 课件授课的老师可能都会遇到这种情况,在授课时,有时会忽略或遗忘某些本来计划要展示的内容,疏忽了某些细节。这种遗忘会造成授课的不连贯,影响教学效果,课后留下遗憾。实际上,如果教师在使用课件前准备充分,完全可以通过使用备注避免这类问题的出现。另外,在制作课件时,幻灯片页面上不可能填满内容。因此,还可以使用备注页放置一些准备由老师来进行讲解的内容。

PowerPoint 提供了备注功能,用户能够很方便地向幻灯片中添加备注。在"视图"选项卡中单击"演示文稿视图"选项组中的"备注页"按钮将能够打开备注页,此时在备注文本框中输入文字即可创建备注,如图 11-1 所示。实际上,默认情况下,普通视图的下方会出现备注窗格,在该窗格中可以直接输入备注内容,如图 11-2 所示。

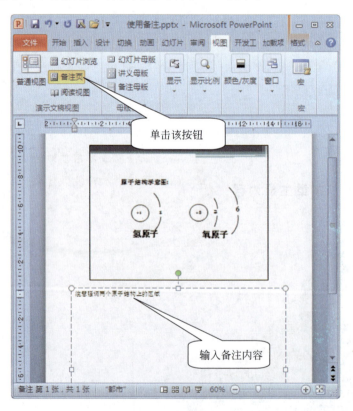

图 11-1 在"备注页"视图中输入备注

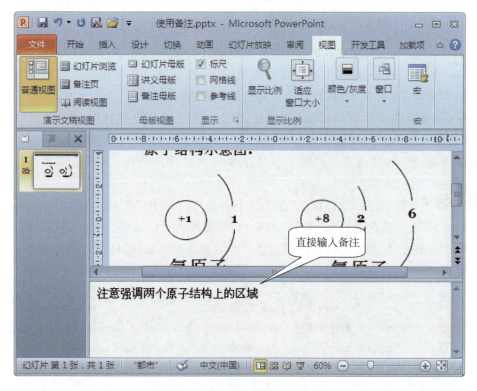

图 11-2 在备注窗格中输入备注

备注是用来为教师提供说明,唤起教师记忆的,因此在使用课件时当然不希望将其投影在大屏幕上,只要能够在教师的计算机上显示就可以了。要实现这种效果实际上很简单,只需简单设置一下课件的放映方式就可以了。操作方法是在"幻灯片放映"选项卡的"监视器"选项组中勾选"使用演示者视图"复选框,如图 11-3 所示。

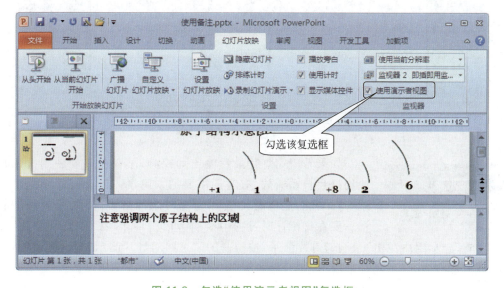

图 11-3 勾选"使用演示者视图"复选框

11.1.2 设计好播放时间

PowerPoint 提供的"排练计时"功能能够对课件的放映过程进行预演排练。在排练过程中，PowerPoint 自动记录每张幻灯片的放映时间，教师可以在排练结束后通过显示的时间了解整个演示文稿的放映时间，从而对自己的讲解进行调整。

另外，如果课件需要自动播放，在课件制作时可以保存排练计时。这样在播放课件时，能够使用录制的时间间隔实现幻灯片的自动切换，课件就可以实现自动放映了。对于需要将课件转换为视频或置于网页中供学生学习的情况，"排练计时"是实现课件自动播放的手段。

在"幻灯片放映"选项卡的"设置"选项组中单击"排练计时"按钮，如图 11-4 所示。进入幻灯片放映视图，屏幕上会出现"录制"工具栏，如图 11-5 所示。使用该工具栏中的工具可以对幻灯片放映进行控制。完成排练后，退出幻灯片放映状态，可以保存排练时每张幻灯片的播放时间，该时间将在每张幻灯片下方显示，如图 11-6 所示。

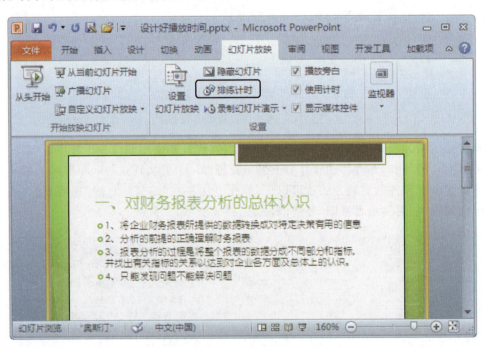

图 11-4 单击"排练计时"按钮

图 11-5 "录制"工具栏

如果希望幻灯片最后输出为视频，不仅仅需要使用排练时间让幻灯片自动播放，有时还需要加入解说。PowerPoint 提供了录制旁白功能，能够帮助教师为视频添加解说，降低视频制作的门槛。要在排练计时过程中录制旁白很简单，在"幻灯片放映"选项卡的"设置"选项组中单击"录制幻灯片演示"按钮，打开"录制幻灯片演示"对话框，在对话框中勾选"旁白和激光笔"复选框后单击"开始录制"按钮即可，如图 11-7 所示。

图 11-6 在每张幻灯片下显示排练时间

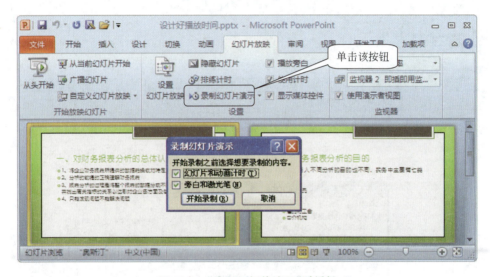

图 11-7 "录制幻灯片演示"对话框

11.1.3 针对不同的课堂需要使用不同的幻灯片

如果一位老师任教两个不同层次的班级,那么在制作课件时就必须考虑如何让课件同时适合这两个班级。当然,最简单的方法是分别为这两个班级制作不同的课件,但这显然降低了课件的制作效率,增大了备课的工作量。实际上,要解决这个问题很简单,制作一个课件,在使用时针对不同班级的需要显示不同的教学内容即可。在 PowerPoint 中,要实现这种选择性放映,有 3 种操作方法,下面分别介绍。

(1) PowerPoint 具有在幻灯片放映时隐藏幻灯片的功能,在课件放映前,根据教学对象的需要,将不需要的幻灯片隐藏,这样在课件放映时就可以只放映需要展示的内容。具体的操作方法是,在左侧窗格"幻灯片"选项卡中右击需要隐藏的幻灯片,在快捷菜单中选择"隐藏幻灯片"命令,该幻灯片即可被隐藏,如图 11-8 所示。

(2) 如果需要连续播放课件中的某几张幻灯片,可以在"幻灯片放映"选项卡的"设置"选项组中单击"设置幻灯片放映"按钮,打开"设置放映方式"对话框,在其中设置连续放映的幻灯片,如图 11-9 所示。

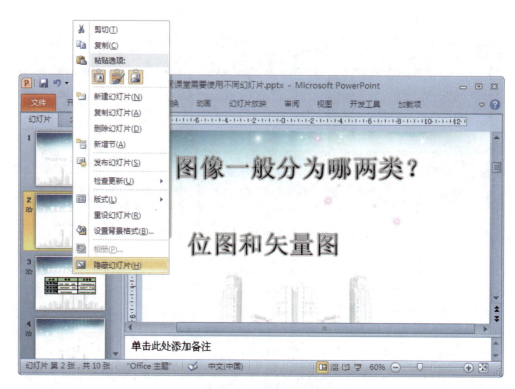

图 11-8　隐藏幻灯片

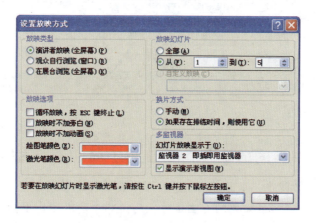

图 11-9　设置连续放映的幻灯片

（3）教师还可以使用 PowerPoint 的自定义放映方案来设置需要放映的幻灯片。在"幻灯片放映"选项卡的"开始放映幻灯片"选项组中单击"自定义幻灯片放映"按钮，在打开的"自定义放映"对话框中单击"新建"按钮，打开"定义自定义放映"对话框，在其中的"幻灯片放映名称"文本框中输入名称，在"在演示文稿中的幻灯片"列表框中选择需要放映的幻灯片后单击"添加"按钮将其添加到右侧的"在自定义放映中的幻灯片"列表框，如图 11-10 所示。此时建立的放映方案将添加到"自定义放映"对话框的列表框中，如图 11-11 所示。关闭对话框，在 PowerPoint 的"自定义幻灯片放映"列表中将会出现刚才自定义的放映方案，选择相应的选项可按照对应的方案放映课件。

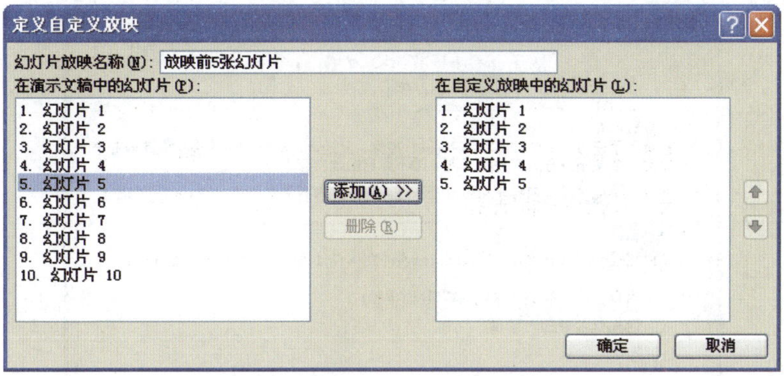

图 11-10 "定义自定义放映"对话框

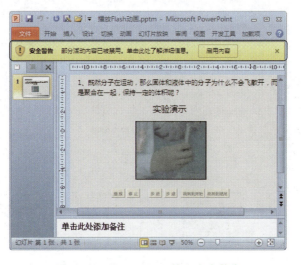

图 11-11 在"自定义放映"对话框中添加放映方案

11.1.4 不要让提示信息出现

如果在课件中使用了宏或 VBA 程序，由于 PowerPoint 的宏安全性设置，在打开课件时，PowerPoint 会给出宏安全警告，如图 11-12 所示。在放映课件时，PowerPoint 同样会给出警告提示，如图 11-13 所示。

图 11-12 PowerPoint 的宏安全警告

图 11-13　放映课件时的安全警告

对于图 11-12 中的安全警告,可以单击"启用内容"按钮启用该内容。对于图 11-13 所示的安全警告,在对话框中单击选中"启用此会话的内容"单选按钮,然后单击"确定"按钮,这样,VBA 程序在课件放映时将能够顺利运行。如果教师在遇到这类提示时操作不当,如在图 11-12 中直接单击"关闭此信息"按钮 ☒ 直接关闭该提示信息,在图 11-13 所示的对话框中直接单击"确定"按钮,都将导致 VBA 程序被禁止运行,课件的功能将无法实现,就会影响课堂上课件的正常使用。

打开"PowerPoint 选项"对话框,在左侧窗格中选择"信任中心"选项,在右侧窗格单击"信任中心设置"按钮,如图 11-14 所示。此时将打开"信任中心"对话框,在其中选中"启用

图 11-14　单击"信任中心设置"按钮

所有宏（不推荐，可能会运行有潜在危险的代码）"单选按钮，如图 11-15 所示，这样 PowerPoint 再打开包含 VBA 程序的课件时，将不再给出提示，而是直接允许 VBA 程序运行。

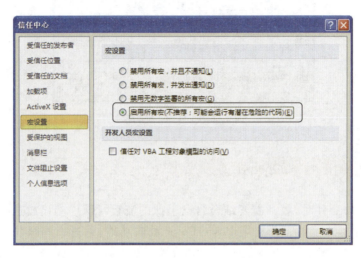

图 11-15 "信任中心"对话框

上面的操作将允许所有 VBA 程序执行，如果觉得这样会降低安全性，还可以使用下面的方法来进行设置。在计算机上专门准备一个放置课件的文件夹，在"信任中心"对话框左侧列表中选择"受信任位置"选项，在右侧界面单击"添加新位置"按钮，如图 11-16 所示，此时将打开"Microsoft Office 受信任位置"对话框，在其中可指定受信任文件夹。如果受信任文件夹还包括子文件夹，可以勾选"同时信任此位置的子文件夹"复选框，如图 11-17 所示。这样，PowerPoint 将只针对指定文件夹中的课件允许 VBA 代码运行。

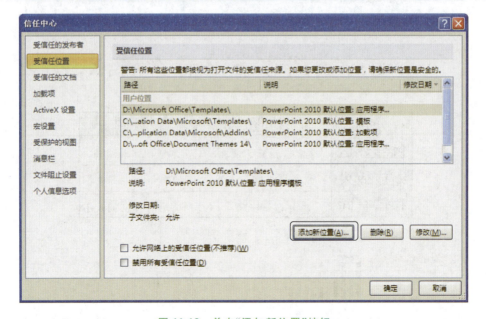

图 11-16 单击"添加新位置"按钮

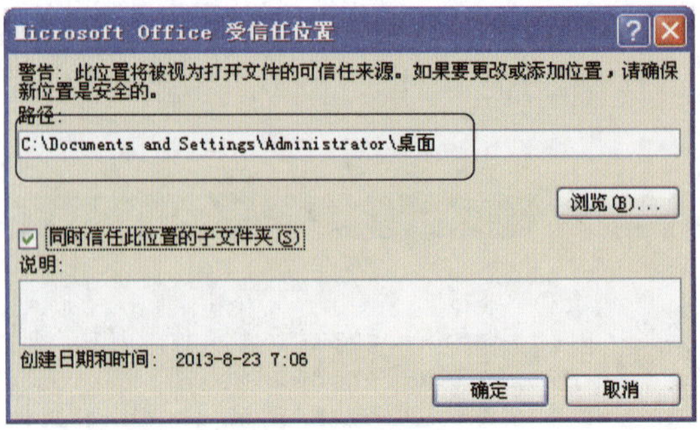

图 11-17 "Microsoft Office 受信任位置"对话框

11.2 播放课件时教师能做什么

在课堂上播放课件时,教师需要结合自己上课的流程对课件的播放进行控制。实际上,教师还可以充分利用 PowerPoint 放映功能,通过一些操作来提高教学效果。

11.2.1 屏幕上的勾画

使用 PowerPoint,可以很方便地在课件放映时对放映的内容进行标注。在幻灯片放映时,单击屏幕左下角的"标注笔"按钮,在打开的菜单中选择"笔"选项和墨迹颜色,然后拖动鼠标即可在屏幕上勾画标注,如图 11-18 所示;在菜单中选择"荧光笔"选项,可以使用荧光笔对幻灯片进行标注,如图 11-19 所示。

教学视频

图 11-18 在屏幕上勾画标记

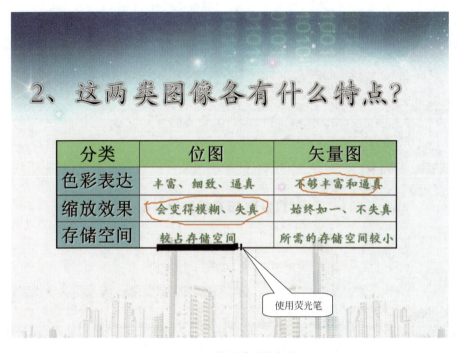

图 11-19　使用荧光笔标注

单击"标注笔"按钮,在打开的菜单中选择"删除幻灯片上所有墨迹"命令,添加到屏幕上的标注印记将被全部删除;选择"橡皮擦"命令,鼠标指针变为 形状,在绘制的标注上单击将能擦除该标注。

在退出课件播放时,如果在课件中进行了标注,PowerPoint 会给出提示,提示是否保存幻灯片中添加的墨迹,单击"保留"按钮将能够保留幻灯片中的标注,如图 11-20 所示。

图 11-20　提示是否保留墨迹

在默认情况下,放映课件时,屏幕上会显示鼠标指针,如果不需要显示,可以在单击"标注笔"按钮后选择菜单中的"箭头选项"命令,再在级联菜单中选择"永远隐藏"命令。

11.2.2　课件播放时同样能够更改幻灯片内容

使用传统的粉笔和黑板的一个优势是,教师可以随时对有关内容进行修改。对于早期版本的 PowerPoint,在幻灯片放映时要对幻灯片内容进行修改,需要先退出课件的放映,在 PowerPoint 中找到需要编辑的幻灯片并对幻灯片内容进行修改后保存,然后再放映幻灯片才显示修改后的内容。

PowerPoint 允许在幻灯片放映时对幻灯片内容进行更改,这一更改会立即在屏幕上显示出来。在放映课件时,按 Alt+Tab 快捷键可切换到 PowerPoint 窗口,在幻灯片中对内容进行修改,屏幕上将能够立即显示修改的结果,如图 11-21 所示。

图 11-21　幻灯片立即显示编辑结果

11.2.3　幻灯片放映时的黑屏模式

还有一个在放映 PowerPoint 课件时不得不说的小技巧。笔者曾经见到过有些老师上课时打开 PowerPoint 放映课件的同时打开 Windows 自带的"画图"软件,当他需要在屏幕上书写某些内容或需要绘制示意图的时候,就按 Alt+Tab 快捷键切换到"画笔"软件,直接在该软件的画布中进行画写。这个时候大多数老师可能都会怀念起那一支粉笔一块黑板讲课的日子了,并且由衷地认为还是黑板和粉笔方便,想怎么写就怎么写。

实际上,PowerPoint 中已经提供了类似于黑板的模式,使教师在需要单独写入某些内容的时候可以自由写入,这种写入不会对幻灯片中已有的内容造成任何修改。

在放映课件时,按 B 键将使屏幕进入黑屏状态,在屏幕上右击,选择快捷菜单中的"指针选项"|"笔"命令,在"指针选项"的"墨迹颜色"级联列表中选择标注的颜色,然后拖动鼠标即可在屏幕上书写需要的内容,就像前面介绍的为幻灯片添加标注那样,如图 11-22 所示。按 Esc 键将退出黑屏模式回到当前放映的幻灯片。在放映幻灯片时,如果按 W 键,将进入白屏状态,可以使用类似的操作进行标注。

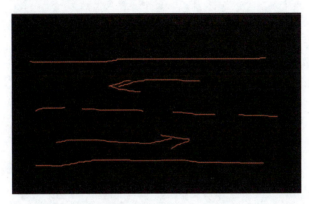

图 11-22　在屏幕上绘制图形

11.2.4　课件的双屏显示

现在的笔记本电脑都带有双屏显示的功能,即能够将信号输出到外接的显示设备上。很多学校配置的多媒体展台也具有控制台和外接大屏幕输出设备,控制台包括一台电脑,用于对播放进行控制;大屏幕输出设备用于显示有关内容。

对于笔记本电脑来说,在外接大屏幕投影仪时,可以在播放前对设备进行设置。下面以现在还广泛使用的 Windows XP 操作系统为例来说明具体的设置方法。

在桌面上右击,选择快捷菜单中的"属性"命令;打开"显示 属性"对话框。在其中切换到"设置"选项卡,标记为"1"和"2"的蓝色方块分别对应可使用的两个显示设备,如图 11-23 所示。如果不知道它们分别对应的是哪个设备,可以在选择某个方块后单击选项卡中的"识别"按钮,一个大大的数字将在对应的屏幕上显示,这个编号对应的是哪个屏幕就一清二楚了。选择数字方块后,拖动"屏幕分辨率"栏中的滑块可设置这个屏幕的显示分辨率,在"颜色质量"栏中可以对屏幕的色彩品质进行设置。这里,教师可以根据课件放映的需要进行设置,以求达到最佳的放映效果。

实际上,在双屏显示时,教师也可以直接使用 PowerPoint 来对演示设备的分辨率进行设置。在"幻灯片放映"选项卡的"监视器"选项组中即可对显示屏的分辨率进行设置,如图 11-24 所示。放映幻灯片时,PowerPoint 会将幻灯片的分辨率更改为设置后的分辨率,在退出演示后会将屏幕分辨率恢复为原始值。

为方便幻灯片放映的控制,PowerPoint 提供了一个"演示者视图"模式,在这种模式下,

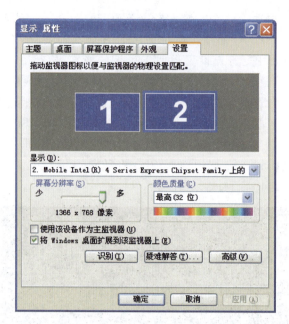

图 11-23 "显示 属性"对话框

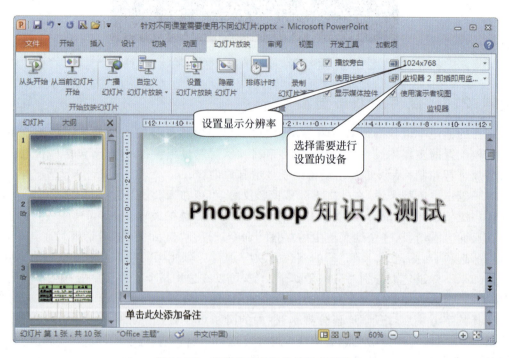

图 11-24 设置放映设备的显示分辨率

本机显示器上将显示一个幻灯片播放控制台,如图 11-25 所示。在该视图模式下,投影仪等外接设备将只放映幻灯片的内容,教师可以在本机上通过控制台对幻灯片的播放进行控制,如选择需要播放的幻灯片、切换到上一张或下一张幻灯片等。在这个视图中显示的备注内容不会在投影设备上显示出来,而这里使用标注笔勾画的墨迹将能够在放映的幻灯片中显示。

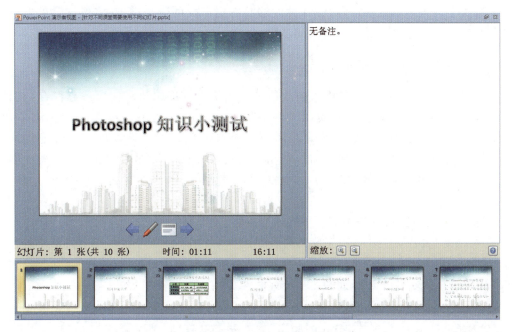

图 11-25 "演示者视图"模式

这里要注意的是,要进入"演示者视图"模式,必须在"幻灯片放映"选项卡的"监视器"选项组中勾选"使用演示者视图"复选框。

11.3 课件的打包

PowerPoint 是一款具有强大的多媒体集成能力的软件,使用它可以将视频、声音、图片和各种动画等多媒体内容集成在课件中。为了能够使课件在其他计算机上正常播放,最常见的方法是对课件进行打包处理。

11.3.1 为什么要打包

教学视频

PowerPoint 是一款功能强大的演示文稿制作软件,也是一款操作和放映十分简单的软件。PowerPoint 课件的放映对系统的要求不高,不管是 Windows XP、Windows 7 还是 Windows 8 均可放映。

PowerPoint 课件放映的门槛虽然很低,但教师在实际使用过程中或多或少会遇到一些问题。比较典型的问题有,课件放映时无法播放插入的声音或视频,课件中文字的字体发生了改变,在设计课件时使用的漂亮字体在其他计算机上播放时变成了其他字体,插入的 Flash 动画无法播放。这些问题的表现形式不同,但原因几乎都是一样的,那就是课件在移动的过程中造成了课件中的这些素材文件丢失或者指向的素材文件夹出错,课件放映时,PowerPoint 无法找到需要的文件。

另外,教师可能还会遇到因为版本不对而无法播放幻灯片的情况。PowerPoint 从 PowerPoint 2007 开始使用了全新的文件格式,这种格式以 *.pptx 为扩展名,pptx 格式的 PowerPoint 文件是无法在 PowerPoint 2003 上播放的。

要解决上面提到的这些问题,让课件能够具有更广泛的适用性,在完成课件的制作后,对课件文件进行打包处理是一个必要的过程。

11.3.2 如何对课件打包

所谓打包,指的是将演示文稿的播放器及其支持文件连同演示文稿一起保存,获得一个文件包,以保证演示文稿能够实现无环境播放。将演示文稿打包常用的方法是使用PowerPoint的"打包成CD"命令,该命令不仅能够在有刻录机的计算机上方便地将课件、课件中链接的各种媒体文件、播放器以及相关的配置文件一次性地刻录到CD光盘中,同时还可以将课件和素材文件存储于磁盘的指定位置,这样课件在任何计算机上都可以播放。

对课件进行打包,可以使用如下步骤进行操作。

① 切换到"文件"选项卡,在左侧的列表中选择"保存并发送"选项,在中间窗格的"文件类型"栏中选择"将演示文稿打包成CD"选项,然后单击右侧窗格出现的"将演示文稿打包成CD"栏中的"打包成CD"按钮,如图11-26所示。

图 11-26 单击"打包成 CD"按钮

② 此时将打开"打包成CD"对话框,在对话框中添加需要打包的演示文稿。单击"选项"按钮,打开"选项"对话框,可以对文件包含的内容进行选择,同时可以设置为演示文稿添加密码保护,如图11-27所示。

③ 在完成设置后,单击"复制到CD"按钮,如果计算机安装了光盘刻录机,则课件相关内容将会自动刻录到CD光盘上。如果需要将打包文件放置到磁盘的指定文件夹中,可以单击"复制到文件夹"按钮,打开"复制到文件夹"对话框,单击"位置"文本框右侧的"浏览"按钮,打开"选择位置"对话框,在其中选择打包文件复制的位置即可,如图11-28所示。完成

设置后关闭这两个对话框，PowerPoint 给出提示确认要复制的内容，如图 11-29 所示。根据需要单击相应的按钮后，打包后的文件即可复制到指定的文件夹中。在上课时，教师只需携带这个文件夹即可保证课件顺利放映。

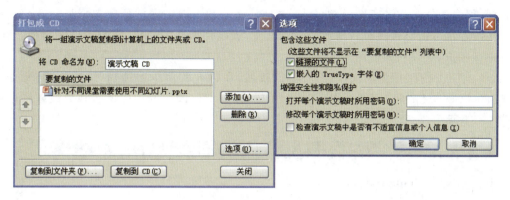

图 11-27　打开"选项"对话框

图 11-28　打开"选择位置"对话框

图 11-29　PowerPoint 提示对话框

11.4　课件的发布

使用 PowerPoint 制作课件时，课件一般保存为 *.pptx 文件，有时为了兼容 PowerPoint 2003，可以将其保存为 *.ppt 文件。为了方便课件的传播和网络播放，课件还可以保存为其他格式。

教学视频

11.4.1 对课件进行保护

制作完成的 PowerPoint 课件,可以在安装了 PowerPoint 的计算机上被随意打开和编辑,这是很多课件制作者所不希望的。一方面,这不利于保护课件的版权。另一方面,由于任何使用者都可能对课件进行修改,有可能会造成课件结构的变化,影响课件的播放。要对课件进行保护,可以从如下两个方面入手。

(1) 打开"另存为"对话框,单击"工具"按钮,在打开的菜单中选择"常规选项"命令,如图 11-30 所示。此时将打开"常规选项"对话框,设置课件的打开权限密码和修改权限密码,如图 11-31 所示。

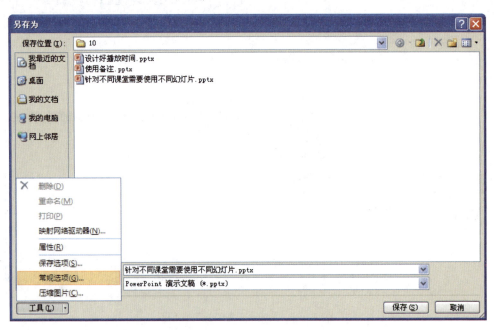

图 11-30　选择"常规选项"命令

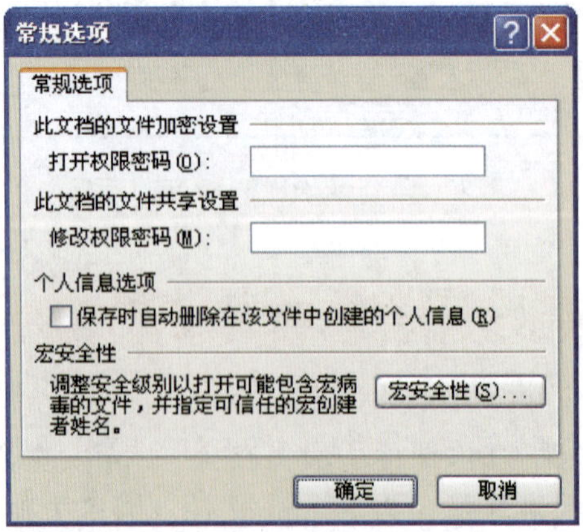

图 11-31　"常规选项"对话框

（2）切换到"文件"选项卡，选择左侧列表中的"信息"选项，在中间窗格中单击"保护演示文稿"按钮，在打开的列表中可以选择保护演示文稿的方式，如图11-32所示。例如，选择"标记为最终状态"选项，文档将被标记为最终状态，在 PowerPoint 中将其打开后无法再对其进行编辑处理。

图 11-32　选择保护演示文稿的方式

11.4.2　根据需要发布课件，让课件广为传播

将课件保存为 *.pptx 格式或 *.ppt 格式，播放该课件前必须先打开 PowerPoint 的编辑页面，这时课件的所有内容可能就会提前被"剧透"。实际上，PowerPoint 课件可以保存为直接运行的放映格式。要保存为这种格式，可以在"另存为"对话框中的"保存类型"列表中选择"PowerPoint 放映（*.ppsx）"选项将课件保存为自动放映文件，如图11-33所示。如果需要保存为 PowerPoint 2003 版本的自动放映文件，可以选择"PowerPoint 97-2003 放映（*.pps）"选项。

双击 PowerPoint 放映文件，将自动开始播放，而不会进入 PowerPoint 编辑状态，无法对这种格式的课件内容进行修改，在某些时候也许会带来一些麻烦。要实现对 PowerPoint 放映文件的编辑，可以直接将文件的扩展名更改为.ppt，或是启动 PowerPoint 后使用"打开"命令打开该文件。

PowerPoint 能够直接将演示文稿保存为视频格式，发布为视频格式能够方便网络传播，但失去了交互效果，视频将只能显示课件中的内容。在"另存为"对话框的"保存类型"下拉列表中选择"Windows Media 视频（*.wmv）"选项可以直接将课件保存为 WMV 视频，如图11-34所示。

切换到"文件"选项卡，在左侧列表中选择"保存并发送"选项，在中间窗格的"文件类型"

图 11-33 选择"PowerPoint 放映(＊.ppsx)"选项

图 11-34 将课件保存为 WMV 视频格式

栏中选择"创建视频"选项,在右侧窗格的"创建视频"栏中对创建的视频进行设置,然后单击"创建视频"按钮,即可将课件创建为视频,如图 11-35 所示。

另外,PowerPoint 提供了对 PDF 格式文件的直接支持。PDF 文件可以直接通过浏览器浏览内容,但用户不能对文档进行编辑,这种格式的文档比较适合作为电子文档发行,便

图 11-35 创建视频

于保护文档的版权。同时，课件还可以以图片的方式保存下来，其优势在于能够直接置于网页中，便于网络传播，保存的内容不会被修改，同时也不用担心诸如字体不全影响课件效果等问题。但这两种方式都属于静态文件，没有交互和各种动画效果，当然也无法再使用PowerPoint对其进行编辑。这两种文档可以直接在"另存为"对话框的"保存类型"下拉列表中选择相应的文件类型后直接保存。

图书资源支持

感谢您一直以来对清华版图书的支持和爱护。为了配合本书的使用,本书提供配套的资源,有需求的读者请扫描下方的"书圈"微信公众号二维码,在图书专区下载,也可以拨打电话或发送电子邮件咨询。

如果您在使用本书的过程中遇到了什么问题,或者有相关图书出版计划,也请您发邮件告诉我们,以便我们更好地为您服务。

我们的联系方式:

地　　址: 北京海淀区双清路学研大厦 A 座 707

邮　　编: 100084

电　　话: 010-62770175-4604

资源下载: http://www.tup.com.cn

电子邮件: weijj@tup.tsinghua.edu.cn

QQ: 883604(请写明您的单位和姓名)

用微信扫一扫右边的二维码,即可关注清华大学出版社公众号"书圈"。

资源下载、样书申请

书圈